U0566712

印光大师 修订 弘化社 编

四大名山志·清凉山志

出版説明

《四大名山志》，是佛教地理典籍。包含《清凉山志》《峨嵋山志》《普陀山志》《九華山志》四個部分。收輯四大名山地理聖迹、高僧事迹、塔銘詩文等内容。民國期間由印光大師根據舊志修訂而成。現依民國舊版影印，對于歷史文化、學術研究皆有積極意義。

蘇州　弘化社

二〇一七年七月

四大名山志·清涼山 目録

清涼山志重修流通序

文殊菩薩·道證一眞·德超十地·入三德之祕藏·居常住之寂光。但以救苦情殷·度生念切·故復不違寂光·現身塵刹·種種方便·度脫衆生。其爲七佛師·作菩薩母·猶屬迹門之事。若論本地·則非佛莫知。雖盡塵刹界·無非所住·而障重之凡夫·何由識其妙用·瞻其法範乎哉。以故不得不爲初機·設一應化之地·俾有所趣向·而種出世之善根。故從昔已來·與萬菩薩·常住清涼寶山·演說一實之道·兼示不思議種種神化·令善根成熟者·即證眞常·未成熟者·因茲增長。須知菩薩·不動念而隨機示現說法·了無差（音雌）殊者·如月到中天·影印衆水·不但大江大河·各現一月·即一勺一滴·亦現一月。江河中月·一人視之·只見一月·百千萬人·于百千萬處視之·亦各只見一月。人若東行·月則隨之而東·人若西行·月則隨之而西·人若安住·月則不動。世間色法之妙·尚能如是·何況菩薩·徹悟唯心·圓證自性·悲運同體·慈起無緣者乎。恐拘墟者·見志中所有神妙之迹·心懷疑惑·故爲表示其致。了此·則徧閱大乘經典·不至驚疑怖畏·不徒爲閱此志者作前導也。舊志，係明萬曆間，鎭澄法師所修，大體甚好，間有未加詳考之失。其時憨山，紫柏，妙峯，皆屬摯友，不但于此山有大關係，實于佛法世道有大關係，均未立傳。淸康熙間復有修者，絕未徧訪，且于大有關係之文字任意删削，因玆遂不流通。今依明志，稍爲考訂增修耳。去春一弟子李圓淨言，文殊，普賢，觀音，地藏，四大菩薩，實爲一切衆生之恃怙。師在普陀，曾請許止淨居士作觀音本迹頌，發揮觀音之深恩重德，至爲周到。師又另修王雅三所修之普陀志。何不將五臺峨眉九華志，亦按此例而修之乎。況五臺志亦無處請，而體裁尙好，峨眉志則只是志山，不復以發揮普賢之道爲事。九華志，則更可痛歎。當此世道人心陷溺已極之時，固宜亟亟修而流通，以作挽回之據。遂忘其固陋，勉力從事。乃請許止淨標示大致，其修治則光任之，其校對則德森師任之。今已排竣，雖無大發明，然亦不無小補。至于近世之事，以身既不在其地，而以朝不保夕之年，亦不敢託人采訪，恐事未集而人已逝，致成空談。故將近事留與後來之哲人耳。憶昔光緒十三年，在紅螺山告假朝五臺。欲請清涼山志。至京琉璃廠。徧問各舊書店。祇得一部。因而購之。今爲排印流通。俾後來易得而釋已遺憾。何幸如之。五臺雖爲文殊菩薩道場。未見念菩薩時發起之讚。今夏華嚴嶺僧濟棲師。祈作一讚。以備念誦之儀。乃湊成八句寄彼。讚曰。文殊菩薩德難量。久成龍種上法王。（龍種上佛。係文殊過去劫中成佛之名。出首楞嚴三昧經。龍種上尊王。另是一佛。不可悞引。）因憐衆生迷自性。特輔釋迦振玄綱。爲七佛師體莫測。作菩薩母用無方。常住寂光應衆感。萬川一月影咸彰。民國二十二年癸酉九月日。常慚愧僧釋印光敬撰。

淮陰重刻清涼山志序

元夜月滿地有雪天無雲。訪聚用長老於淮陰聞思寺。問佛與法。聚公曰。何者是佛。何者是法。栴檀貝葉皆非也。何者非佛。何者非法。耳鳴目眚皆是也。執像求佛。執經求法。劫火洞燒。經像俱泯。二者何在。在在皆在。而人不悟也。余曰。佛法如是。士農工商信者無幾。柰何。聚公曰。士期於學。文無相之文。乃爲至文。不悟者愚矣。農期於力田。無形之田。乃爲福田。不悟者荒矣。工期於能巧。無技之巧。衆巧所師。不悟者拙矣。

商期於獲利。無得之利。萬利所歸。不悟者窘矣。一字必惜。是大慧佛。一粒必珍。是多寶佛。一蟲必救。是長壽佛。而人不悟也。一字萬化。無量法王。一粒萬種。無量法寶。一蟲萬變。無量法母。而人更不悟也。余問人有三難。人身難得。中土難生。正法難聞。柰何。聚公曰。卽非人身。無非佛身。卽非中土。無非佛土。卽非正法。無非佛法。悟者何難。又問。佛有三難。衆生難度。無緣難化。定業難逃。柰何。聚公曰。衆本非衆。度在慈悲。無本非無。化在喜舍。定本無定。逃在懺悔。悟者何難。又問。父母未生我前。我在何處。聚公曰。且道父母既生我後。我在何處。我未生以前。父母又在何處。又問。如何是祖師西來意。聚公曰。如何是祖師。如何是西。如何是來。不師師。不西西。不來來。且道且道。余遂默然。聚公說偈曰。今年元夜卻無雲。春雪三分月十分。大地清涼除熱惱。梅花忘我我忘君。甲戌春。聚公與其徒養淳蘊哲徒步朝清涼山。山志板適燬於火。乃取舊志歸淮陰重校而梓之。請序於余。因述問答之語。可悟聚公以大千爲山。以大藏爲志。無在非清涼者。乾隆乙亥上元。淮陰教授金壇史震林書。

清康熙皇帝御製清涼山志序

朕惟清涼山，古稱文殊大士演教之區也。茲山聳峙於雁門雲中之表，接恆嶽而俯滹沱，橫臨朔塞，藩屏京畿。其地風勁而高寒，層冰結於陰巖，積雪留於炎夏，故名清涼。然地雖寒，而嘉木芳草，蒙茸山谷，稱靈異焉。五峯竦立，上矗霄漢，日月之所迴環，烟霞之所虧蔽，蒼然深秀，其爲神皋奧區，蓋自昔而已然矣。是以自漢迄今，歷代皆有崇建，古刹精藍，徧滿巖岫。宇內稱靈山佛土，最著者有三，峨眉，普陀，而五臺爲尤盛焉。我世祖章皇帝，上爲慈闈祝釐，下爲蒼生錫福，賜金遣使，屢沛恩施。朕數經駐蹕茲山，爲兩宮祈康寧福祉，因而登五峯，陟臺懷，各爲文勒石以紀之。琪樹靈葩，形於篇詠。蓋嘗念佛教以清淨慈惠爲本，以戒定智慧爲宗，亦有裨於勸善遠慝，茲山又密邇塞垣，遠離塵俗，當爲清修者之所棲泊，故於此每惓惓焉。山之有志，所以紀形勝，述建置，載藝文，俾後之人有所稽考。往蹟舊聞，不致湮沒。茲編詳簡適中，不蕪不支，清涼勝境，可撫卷而得其梗概也。因敘於簡端。康熙四十年五月初三日。

清涼山志序

寂光無外、五濁懸鏡裏之山。至聖非遙、六趣閉夢中之宅。螺髻眼底、儼若天宮。鷲子目前、依稀人世、毋固毋我、非色非空。惟妙體以無私、循業緣而殊現。且夫一微塵裏、窺法界之莫涯。信乎五頂山中、宅萬聖而非隘。文殊大士、既爲七佛之師。紫府靈峯、固矣三千之最。雖曰充周法界、極神德而無方。今則獨指清涼、使歸心之有在。山橫鴈代、孤標震旦之雄。聲播五天、爰起遐方之敬。雜花初唱、名曰清涼。寶篋重宣、稱爲五頂。乃聖言之有據、厥靈蹟亦可徵。原夫眞區湛寂、杳無攀仰之端。化宇形殊、斯有瞻依之相。眞該化末、化洞眞源。眞化融通、聖凡交徹。清涼神境、斯之謂歟。故卽眞而化、曼殊現貧女之軀。卽化而眞、波利入金剛之界。是以菩薩於衆生心內、時時證覺、顧衆生不知。衆生於菩薩心中、念念輪迴、惟菩薩無礙。是則眞不外化、化豈離眞、眞化一心、悟迷斯隔耳。其爲山也、涵容萬化、潛育百靈。巖花磵草、全彰本智之光。靜谷幽林、深隱眞人之宅。時乎珠林煥現、仙域洞開。靈霞生宿客之衣、圓光射遊人之影。

觸目通玄，非人間矣。是以遊觀之士，四海雲馳。棲寂之流，千巖星布。明王聖主，代爲興福之場。列宰名臣，屢有思眞之詠。昏昏業識，望影塵消。汨汨煩心，觀光慧朗。至於烏茶仰信，醜虜降心，則大士攝化之功至矣。清涼志者，所以載夫臺山盛事者也。唐初藍谷法師，創集曰清涼傳。宋僧延一，又爲廣傳。而無盡居士所覩靈蹟，復自書之，目曰續傳。傳雖再出，而於文殊應迹，志士感通，班班遺諸羣籍，而猶未備焉。至國朝正德間，秋厓法師，細搜今古，倍益舊文，爲二十卷，收採泛濫，未足可傳。適際今上聖明御宇，慈聖國母，廣植勝因，勅建釋迦文佛舍利寶塔于清涼山中。神功殊利，澤及萬方。法門盛事，光越千古。塔院住持圓廣，感斯盛遇，與不佞言，將以書諸傳記，昭化後世，開覺生民。且命不佞修葺之，而後壽梓。不佞病斯文之訛，亦久矣。今有所授，敢不勉焉。於是削繁秩亂，勒門爲十。於初二門中，藉以問辯，發揮入境眞化之旨，殆盡厥文，雖減古而事類有序焉。明萬曆丙申秋，燕山廣應寺沙門鎭澄，書于臺山之獅子窟。（即師子窟）

總目

清涼山志卷第一

第一總標化宇

神州莽莽，幻境紛陳。衆生芸芸，夢魂顛倒。況乎區分六道，形殊四生。同酬火宅之嬉遊，遂致苦輪之長轉。倘非大聖乘權，現身弘護。不幾貧兒客作，沒齒無歸乎。能識心無不在，竟虛空以爲軀。即知智罔弗通，透山河而作眼。機用絕思議之表，建立闡顯密之樞。自性毗盧，流出五峯巑屼。現前覺海，結成三昧清涼。撥厥根株，非爲別有。藉兹鉛槧，永用光揚。志化宇。

東震旦國清涼山者，乃曼殊大士之化宇也。亦名五臺山。以歲積堅冰，夏仍飛雪，曾無炎暑，故曰清涼。五峯聳出，頂無林木，有如壘土之臺，故曰五臺。雄據鴈代，盤礴數州，在四關之中，周五百餘里。左鄰恆嶽，秀出千峯。右瞰滹沱，長流一帶。北陵紫塞，遏萬里之烟塵。南擁中原，爲大國之屏蔽。山之形勢，難以盡言。五峯中立，千嶂環開。曲屈窈窕，鎖千道之長谿。疊翠迴嵐，幕百重之峻嶺。巋巍敦厚，他山莫比，故有大人狀焉。其間。鳴泉歷歷。萬壑奔飛。嘉木森森。千巒彌布。幽涵神物。滀洩雲龍。縈紆盤據。無非梵行之棲。隱顯環帀。盡是眞人之宅。雖寒風勁冽。瑞草爭芳。積雪夏飛。名花競發。白雲凝布。奪萬里之澄江。杲日將昇。見一陂之大海。此其常境也。若夫精心鑽仰。刻意冥求。聖境靈區。有時而現。或神燈觸目。或佛光攝身。或金閣浮空。或竹林現影。金剛窟裏。列聖森森。百草頭邊。神光赫赫。披雲撥霧。或登物外之天。蹈險捫蘿。每入非常之境。實百靈之冲府。乃萬聖之玄都。其間靈境。有不可得而名言狀示者。不思議界。非人間也。徵其源也。乃曼殊大願之所持。如幻三昧之所現。無方無體。非色非空。觸類而彰。隨緣而顯矣。故得染烟齅氣。咸資般若之光。觸石沾雲。悉植菩提之種。華嚴大疏云。自大師晦迹於西天。妙德揚輝於東夏。雖法身常在。雞山空掩於荒榛。應現有方。鷲嶺得名於茲土。神僧顯彰於靈境。宣公上稟於諸天。漢明啓兆於崇基。魏帝中孚於至化。北齊數州以傾供。有唐九帝以迴光。五天殞命以奔風。八表忘軀而競託。自非大士慈雲彌漫。智海汪洋。廓法界以無疆。盡衆生而爲願。孰能感應若茲其有居神州一生不到者，亦奚異舍衛三億之徒哉，顧皆修敬焉。或問，域內名山有五，東曰泰山，南曰衡山，西曰華山，北曰恆山，中曰嵩山，是爲五嶽，上古帝王，四時巡狩，則臨四方之嶽，以時祀之。而泰山，梁父，爲四嶽長，故稱岱宗。自古帝王，于玆封禪焉，載諸經史詳矣。今曰文殊大士居清涼山，而令海內傾心，於玆蘄嚮，亦有何據乎。答，於修多羅有良證耳。故大華嚴經云，東北方有處名清涼山，從昔已來，諸菩薩衆於中止住。現有菩薩，名文殊師利，與其眷屬諸菩薩衆，一萬人俱，常在其中而演說法。斯言猶漫。又寶藏陀羅尼經云，佛告金剛密迹主言，我滅度後，於南贍部洲東北方有國名大震那，其中有山，名曰五頂。文殊童子，遊行居住，爲諸衆生，於中說法。及有無量天龍八部，圍繞供養。等斯言審矣。此外自古及今，神人顯彰甚多，略引數條。一，漢明帝時，摩騰法蘭者，四果聖人也。始至此土，以天眼觀，卽知此山乃文殊住處，兼有育王所置佛舍利塔。二，宇文周時，有化人來遊此土，云禮迦葉佛說法處，幷往清涼文殊住處。至山，現文殊像，殞空不見。隨者乃知文殊化身。三，唐初師子國僧九十九夏、三果人也。跣足而來、禮淸涼山。四、唐道宣律師、行超三界、道重百靈、感諸天人、常侍衞焉。嘗問諸天冥遠之事、無不明答、乃知淸涼文殊所居、上皆出感通傳。故藍谷云、此土名山、雖嵩岱蓬瀛、皆編外典。未有若淸涼出於金口、傳於龍藏、宅萬聖而敷化、自五印以飛聲。美曜靈山、利周賢劫者也。問、有云劫火洞然、此山不壞、言非妄誕者乎。以今觀之、山石之崩隤、林木之代謝、擊之則裂、火之則灰、安得三災而不壞也。答、化相則壞、眞相不壞。故法華云、大火所燒時、我淨土不毀。如身子見娑婆丘陵土石、斯可壞者也。螺髻見如自在天宮、斯不可壞者也。問、眞之與化、相去幾何、爲一爲異。一則眞應同化、粗弊可壞。異則眞居化外、應非人間。答、眞之與化、非一非異。如鏡中像、既非是鏡、亦非離鏡、有像可得。如夢所見、雖非本身、然離本身、無別夢境。故楞嚴云、譬如目眚、矚燈光中別現圓影、彼非眚人、則無所見。以況衆生、以無明故、妄見山河諸有爲相、聖則不見。又如入法界品中、如來入師子奮迅三昧、逝多園林、卽有無盡功德莊嚴。二乘在會、不見不聞。乃至云、如是皆是普賢菩薩智眼境界、不與一切二乘所共、以是因緣、聲聞不見等。是知眞界無殊、悟迷斯隔。推此、可知清涼眞化矣。據上所辯、眞土無邊。獨曰此處不壞者、欲令歸心專一。又如窺一隙之空、卽見無盡之空也。

第二略紀化主 分十

七佛未出世、天生大德以爲師。九世祖瞿曇、人仰能仁而秉教。過去是龍種上佛、現在卽摩尼寶積。爲無量數諸佛之母、現十瑞相妙德之身。色等紫金、圓明映徹。毫同白玉、光網莊嚴。或稱爲童子、或喩作小男。蓋登妙高之峯、信爲基址。發菩提之樹、智乃根芽。大士寄位在信、表德屬智故也。鎔頑鐵而作精金、示本明而非新得。化秉聖基、智原德母。志化主。

一原聖

或問、常夫之謂凡、通明之謂聖。曼殊大士、凡歟、聖歟。答、究論法身、尚不名聖、豈得謂凡。今就應迹、是聖非凡也。問、聖有世出世異、洞明物理、德被黔黎、精一傳家、至仁修已此世間聖堯舜周孔是也永離生死證大涅槃慈育四生光含三有此出世間聖大雄氏等是也曼殊師利是何聖耶答出世間聖非世間也問出世之聖亦有四焉一曰聲聞聞四諦法厭苦斷集修道證滅者也二曰緣覺觀緣變易自覺無生者也三曰菩薩萬行圓修自他兼利宅心法界德用難思者也四曰如來朗萬法之幽邃覺大夜之重昏纖塵淨盡萬德圓明者也於斯四者文殊大士當何聖耶答久成第四示居第三者也問何所據耶答首楞嚴三昧經云佛告迦葉過去久遠無量無邊不可思議阿僧祇劫爾時有佛名曰龍種上如來十號具足於此南方過千國土有國名平正地平如掌龍種上佛於彼國土得無上覺乃至云彼佛即文殊師利法王子是也又處胎經云昔爲能仁師今爲佛弟子二尊不並化故我爲菩薩此皆已成正覺現處菩薩也又央掘經說北方有國曰常喜彼土有佛曰歡喜藏摩尼寶積即文殊是此則現成正覺者也又悲華經言阿彌陀佛爲轉輪王時第三王子名曰王衆於寶藏佛所發阿耨多羅三藐三菩提心願於來世行菩薩道無有齊限莊嚴佛

剎。令三千大千世界。恆河沙等十方佛土。爲一佛剎。大寶塡廁。又無惡觸。及諸女人。及其名字。亦無聲聞辟支佛等。一生菩薩。充滿其中。佛卽號爲文殊師利。於未來世。南方世界名曰淸淨無垢寶寘。成阿耨多羅三藐三菩提。號普現如來。問。準寶積經說。文殊於未來成佛。名曰普現。混無量佛土。爲一淨土。以彌陀淨土比之。不啻大海毛滴耳。則未來實成過去乃因中示成也。答。據實而論。過現當來。或因或果。無非隨宜示現。攝化羣生。在本則無成無不成。無現無非現。不可得而名言矣。

二釋名

問。菩薩何故名文殊師利。答。至人無名。名所不能名也。今以無名之名。隨德立稱耳。文殊師利。或云曼殊室利。梵音。楚夏也。此云妙德。亦云妙吉祥。以萬德圓明。皆徹性源。故稱妙德。生有十徵。見聞獲益。故稱妙吉祥也。十徵者。菩薩誕生時。現十種徵。一天降甘露。二地涌七珍。三倉變金粟。四庭生蓮華。五光明滿室。六雞生鳳子。七馬產祥麟。八牛生白澤。九豬誕龍豚。十六牙象現是也。

三生緣

問，文殊大士，示生何地，誰氏之子。功德神用，說法利生，歸眞返寂之事，可得聞乎。答，淨法界身本無出沒，大悲願力示現受生。故文殊般泥洹經云，佛告跋陀羅，此文殊師利，以大慈悲，生此國多羅聚落，梵德婆羅門家。其生之時，家內屋宅化如蓮華，從母右脅而生，身紫金色，墮地能言，如天童子。有七寶蓋隨覆其上。十徵如上。多羅聚落，卽舍衞國，佛正在此說故。又準華嚴經云，東方去此界十佛刹微塵數世界，有世界名金色，其佛名不動智。文殊大士，將十萬菩薩，從彼而來。據此則爲遊方大士。故知法身，一爲無量，無量爲一，卽此卽彼，非一非多，不可得而思議矣。

四德相

言德相者，因功浩渺，果德難思，備諸藏教。今略示一二，以識端倪。文殊般泥洹經云，文殊具三十二相，八十種好，則相好同佛矣。又華嚴入法界品，舍利弗告諸比丘，汝可觀察文殊師利，清淨之身，相好莊嚴，一切人天莫能思議。汝可觀察文殊師利，圓光映徹，令無量衆生，發歡喜心。光網莊嚴，滅除衆生無量苦惱。乃至云，汝可觀察文殊師利，曾供養佛，善根所流，一切樹間，出莊嚴藏。諸世間主，雨供養雲，以爲供養一切如來，將說法時，白毫相光，來照其身等。又彌勒菩薩，告善財言，文殊師利，所有大願，非餘無量百千億那由他菩薩之所能有。善男子，文殊師利童子，其行廣大，其願無邊，出生一切菩薩功德，無有休息。善男子，文殊師利，常爲無量諸佛之母，常爲無量菩薩之師，教化成就一切衆生，名稱普聞十方世界等。其文甚廣，皆菩薩德相也。

五神用

言神用者，如聖智怖心，聞聲揚而擗地。　寶藏經云，東方光相佛弟子，名聖智，說法第一。立于有頂說法，聲蔽大千。文殊至彼，立光音天說法，其音普震大千世界，魔宮振裂，惡道休息。聖智比丘聞是聲已，卽驚怖，尋便擗地，不能自持，譬如猛風吹于小鳥，卽墮人間。因問彼佛，佛答文殊大士至此，威德殊絕，非爾曹所及。與文殊論義，聖智屢屈。寂順思覩，入隱身而立空。　寂順思見文殊，文殊不起本座，入隱身三昧，卽于彼前空中而現。帝釋欣喜，雨天花而至膝。　經云，諸天子欲見文殊神變、文殊身徧三界現神變已、天子歡喜、發菩提心、雨天花至膝、以為供養。弊魔愁憂行拄杖而垂泣。如幻三昧經云、善住意天子、白文殊同見佛。文殊現三十二部、交絡重閣有諸菩薩、先至佛所。身子覩變問佛。佛答、文殊住降毀諸魔三昧、將至佛所。于是文殊、住是三昧、時大千世界、百億魔宮、一時皆敝、不樂其處、各各懷懼。時魔波旬自見老耄、羸毀少氣、拄杖而行。宮人彩女、亦復羸老。宮殿崩壞、虛空暗冥。波旬大怖、身毛為豎。心自念言、此何變怪、令吾宮殿、委頓乃爾。將命終盡、天地遇災劫被燒耶。時魔波旬、斷除貢高、捨惡思想。文殊所化、百億天子、在交絡者、住諸魔前。謂魔波旬、莫懷恐懼、汝等之身、終無患難。有不退轉菩薩大士、名文殊師利、威德殊絕、總攝十方、德過須彌、智超江海、慧越虛空。今入降毀諸魔三昧、是其威神。時魔恐怖、見化菩薩、即求救濟。菩薩言、汝可往詣釋迦佛所、有無盡慈悲、令汝無畏。言訖不見。魔即詣佛請救云、我等聞文殊名、即懷恐怖、畏亡身命。佛即廣讚文殊、魔欲求脫、佛令待文殊。後文殊至、佛令捨魔、文殊問魔、汝惡此身耶。魔答云爾。若爾、當厭離貪欲、不住三界。魔敬從命、即復本形。此降魔神用也。劫火燒剎、蹈水芝而上行。寶篋經云、舍利弗、曾與文殊、遊諸佛土。有佛國土、劫火洞然、文殊神力。自然蓮華。徧布其中。蹈上而行。水芝。卽蓮華也。霖雨絕供。化鉢飯而無盡。寶篋經云。佛在舍衛。八百比丘。萬餘菩薩。連雨七日。不能行乞。阿難乞文殊濟衆。文殊在室爲釋天說法。不起本座。入城乞食。魔蔽檀門。文殊神力。令門俱開。令魔唱道。當施文殊。得福無量。既得食已。以鉢置地。令魔持行。魔不能動。曰。我之神力。舉沙陀山。令此小鉢。盡力不舉。文殊取鉢授魔。令持前行。歸祇陀林。無量大衆。悉令飽足。飯無所損。示多身以抗迦葉。世尊自恣日。文殊三處過夏。迦葉白槌。欲擯出。纔拈槌。乃見百千萬億文殊。迦葉盡其神力。槌不能舉。世尊問曰。汝擯那箇文殊。迦葉無對。放一鉢而發本源。佛在祇桓精舍。二百天子。學菩薩業。未就。不任勤苦。心欲退還。求二乘道。佛卽化一人。持鉢飯奉佛。文殊白佛。當念故恩。分我鉢食。佛置鉢入地。下度七十二恆沙佛土。懸于空中。佛令諸阿羅漢。菩薩。各入多三昧。求鉢不得。後命文殊。文殊不起本座。申莊嚴臂。度七十二恆河沙界。取鉢而上。彼界菩薩。疑問彼佛。佛答文殊神力。于是取鉢。彼菩薩欲隨文殊來。彼佛頂光上燭娑婆。所經世界。皆有多菩薩隨來。廣聞法要。未發其本。曰過去無能勝幢佛出世。比丘乞食。見乳母抱一兒。兒見沙門卽喜。下抱趣之。沙門分兒蜜。兒噉之。又隨沙門索。復與之。

且行且索，遂至佛會。兒見佛喜，從沙門乞蜜奉佛，沙門授鉢蜜，兒卽奉佛，發菩提心。彼時比丘者，今文殊。是小兒者，如來是。我以比丘蜜食，故今得成佛。詳大藏毀字函，普超三昧經。**持異身而說妙法，**　寶上天子，語文殊，令內波旬于腹中，免彼向行人作難。文殊不爾，欲令波旬處獅子座，如佛妙辯說法。魔卽欲隱，文殊神力所持，卒不能去。變身如佛，處座說法。舍利弗歎羨，文殊知之，告曰吾能持一切草木樹林無心之物，變相說法，皆如佛也。舍利恐文殊變已如佛，戲弄於我，欲隱去不能。文殊神力，卽變舍利弗成佛，與波旬酬酢，宛如二佛廣說深法。三萬人發菩提，八百比丘成道。詳大藏大字函第七卷。**化火網以返迷途。**文殊一時，說甚深法，所謂不用見佛不用求法等。二百比丘，不了第一義諦，以爲錯亂說，捨佛而去。文殊卽於中道化作大火，比丘欲以神足飛空，上見鐵網，生大恐怖。迴視祇園道徑，徧布青蓮華，比丘卽迴佛會，禮足白上所見。佛告比丘，內火未盡，欲度外火，無有是處。汝諸比丘，墮在見網，欲度鐵網，亦無是處。乃至云此之見愛，無所從來，亦無所至，從妄想生，無我，無我所等。二百比丘聞是法已，餘漏永盡，成阿羅漢。詳寶篋經。

掌握恆沙之刹。毛吞無盡之海。如斯神用，劫舌難宣，備諸龍藏，不能俱引。　佛告善勝天子、文殊童子、所有威神、如我所知、無有量也。所謂能令恆沙國土莊嚴、一土中現。能令恆沙佛土聚爲一處、斷送上方恆沙界外、不足爲難。能以一毛內十方海、衆生不覺。能以十方國土內芥子中、衆生不嬈等。天子、我於一劫若一劫餘、說其神變、猶不能盡、文殊卽入神變自在王三昧、現如上事、魔乃發菩提心。

六法要

其說法者。一代時教、不共般若、一乘性宗、皆文殊大士激揚酬唱。備諸龍藏、不能廣引。今撫其要略數條、冀爲道者各銘心焉。

觀佛三昧海經言、時世尊爲諸大衆、說觀佛三昧已。文殊菩薩復告大衆言、過去寶威德如來時、有長者子名曰戒護、在母胎時、受三歸依、年至八歲、父母請佛於家供養。童子見佛、安行徐步、足下生華、有大光明、見已歡喜、爲佛作禮、禮已諦觀、目不暫捨。一見佛已、卽能除卻百萬億那由他劫生死之罪。從是已後、恆得値遇百億那由他恆河沙佛。是諸世尊、皆說如是觀佛三昧。其後有百萬佛出、皆同一字、名栴檀海。

時彼童子，親侍諸佛，間無空缺，禮佛供養，合掌觀佛。觀佛功德因緣力故，復得值遇百萬阿僧祇佛。從是已後，即得百萬億念佛三昧，得百萬阿僧祇旋陀羅尼，既得此已，諸佛現前，說無相法。須臾之間，得首楞嚴三昧。時彼童子受三歸依，一禮佛故，諦觀佛相，心無疲厭。由此因緣，值無數佛。何況繫念具足思惟，觀佛色身。時彼童子，豈異人乎，即我身是。佛告阿難，汝持文殊師利語，徧告大衆，及未來世衆生，若能禮拜者，若能念佛者，若能觀佛者，當知此人，與文殊師利等無有異。

文殊發願經云，願我命終時，滅除諸障礙，面見阿彌陀，往生安樂剎。生彼佛國已，成滿諸大願，阿彌陀如來，現前授我記。嚴淨普賢行，滿足文殊願，盡未來際劫，究竟菩薩行。

文殊摩訶般若經，文殊師利白佛言，世尊，當云何行，能速得阿耨多羅三藐三菩提。佛言，文殊師利，如般若波羅蜜所說行，能速得阿耨多羅三藐三菩提。復有一行三昧，若善男子，善女人，修是三昧者，亦速得阿耨多羅三藐三菩提。文殊師利言，世尊，云何名一行三昧。佛言。法界一相。繫緣法界。是名一行三昧。若善男子。善女人。欲入一行三昧。當先聞般若波羅蜜。如說修學。然後能入一行三昧。如法界緣。不退。不壞。不思議。無礙。無相。善男子。善女人。欲入一行三昧。應處空閒。捨諸亂意。不取相貌。繫心一佛。專稱名字。隨佛方所。端身正向。能於一佛。念念相續。卽是念中。能見過去未來現在諸佛。何以故。念一佛功德。無量無邊。亦與無量諸佛功德無二。不思議佛法。等無分別。皆乘一如。成最正覺。悉具無量功德。無量辯才。如是入一行三昧者。盡知恆沙諸佛法界無差別相。

世尊一日升座。文殊白槌云。諦觀法王法。法王法如是。世尊便下座。

世尊一日見文殊在門外立。乃召曰。文殊入來。文殊曰。我不見有一法在門外者。云何教我入門。

世尊教文殊入不思議解脫三昧。文殊曰。我卽不思議。云何更入不思議耶。

世尊謂文殊曰。如汝文殊。更有文殊。是文殊者。爲無文殊。文殊曰。如是世尊。我眞文殊，無是文殊。何以故，若有是者，則二文殊。然我今日，非無文殊，於中實無是非二相。

菴提女問文殊曰，明知生是不生理，爲甚麼卻被生死之所流轉。文殊答曰，其力未充。

三十二菩薩，各說不二法門竟，卻問文殊。文殊曰，如我意者，於一切法，無言無說，無示無識，離諸問答，是爲菩薩入不二法門。於是文殊，問維摩詰，仁者當說何等是菩薩入不二法門。維摩默然。文殊讚曰，乃至無有文字語言，是爲眞入不二法門。

文殊一日令善財採藥曰，是藥者採來。善財徧觀大地，無不是藥，卻白文殊。文殊曰，是藥者採將來。善財遂於地上拈一莖草，度與文殊。文殊接得，以示衆曰，此藥亦能殺人，亦能活人。

善現問出世間法。文殊答曰，我覓世間相，了不可得，子欲誰出。又曰，貪瞋癡，卽平等法界，我於是中，非已出離，非未出離。若出不出，則墮二見。

靈山會上五百比丘，得通，未得忍。以宿命智，各見過去，殺父害母，及諸重罪。於自心內各各懷疑。於甚深法。不能證入。於是文殊。仗劍逼佛。佛言。文殊住住。吾必被害。吾被害矣。吾誰害吾。於是五百比丘。自悟本心。了法如夢。皆得法忍。說偈讚曰。文殊大智士。深達法源底。手自握利劍。逼持如來身。如劍佛亦爾。一相無二相。無相無所生。是中云何殺。上略引顯教。其祕密門。大藏甚多。今摭其要。以便持誦。

文殊師利根本一字陀羅尼

唵　齒臨二合。臨字去聲。彈舌呼之。

佛言。此是文殊師利童子行輪呪法。爲欲守護諸衆生故。一切如來所有極祕密心大神呪王。若有持者。我記是人則爲已持一切諸呪。悉皆圓滿。一切所作皆得成就。文殊師利。常來擁護。乃至消除一切諸惡重罪。成辦一切世出世事。詳大藏能字函。第九卷。

曼殊室利菩薩五字心陀羅尼

阿　囉　跛　左　娜

若人有能持此呪者。卽入如來一切法平等印。速得成就摩訶般若。纔誦一徧。卽持八萬四千法藏。五字義者、所謂阿者、無生義。囉者、清淨無染、離塵垢義。跛者、無第一義諦、諸法平等。左者、諸法無有諸行。娜者、諸法無有性相、言說文字、皆不可得。善男子、汝知此要、當觀是心、本來清淨、無所染著、離我我所分別之相。入此門者、名三摩地、是眞修習。當知是人、如來印可、功德殊勝、不可量也。

曼殊室利菩薩八字陀羅尼

唵痾（去聲）末囉𤙖卻淅囉

佛告金剛手菩薩、此八字大威德陀羅尼者、乃往過去無量恆河沙諸佛所說、爲擁護一切、十善國王、令得如意、壽命長遠、福德無比、兵甲休息、國土安寧。能大利益一切衆生、斷三惡道、遂諸願求。若人暫聞、憶念此呪、即滅四重五逆等罪、何況常念、是人福德、十地補處、所不能奪、況餘天等。若持呪人、事緣悤迫、不必局法修持、但能禁制身口意業、十惡永絕、即能持此陀羅尼呪、亦得成就。除不正心、不發菩提心。若能發心、能憶誦者。若誦一徧、即護自身、二徧護父母、三徧護國王、四徧護眷屬、五徧護聚落，六徧護城邑，七徧護天下有情。又云，若我具說是呪功德，無量千劫，不能令盡。

七利行

言利行者，文殊般泥洹經云，此菩薩，住首楞嚴三昧力故，於十方界，或現初生，或現滅度，饒益衆生。故有偈云，文殊大菩薩，不捨大悲願。變身爲異道，或冠或露體，或處小兒叢，遊戲於聚落。或作貧窮人，衰容爲老病。及現飢寒苦，巡方而求乞，令人發一施與，滿一切願。令發信心，已爲說波羅蜜。統領萬菩薩，居住五頂山，放億種光明，見者罪消滅。又菩薩處胎經偈云，我身如微塵，在於他國土，三十二相明，在在無不現等，皆菩薩利行也。佛名經說，過去無量恆河沙佛，皆是文殊令發初心。故清涼云，度二十億佛，現說法者，持地猶存。佛告師子音，過去七十萬阿僧祇恆河沙劫，有佛名雷音王，于東方無生國成佛。彼時文殊爲王，名普覆，詣佛修供，發菩提心。其隨從者，二十億人，亦隨發心，修六度行，至成菩提，入般涅槃。文殊師利，悉皆供養。其中一佛名持地，山在此下方，持地世界，成等正覺。佛壽無量，于今猶住，現在說法。詳大藏官字函第九卷。化百千諸龍，立登正覺，王女是一。法華。禮妙慧而不忘敬本。王舍城長者女名妙慧、年始八歲、詣佛問法、佛爲說四十行法。妙慧曰、我若於斯四十行中、一行不修、則違佛教、則爲欺誑如來、我言不虛、大千必動。言訖、大千世界六種震動。又曰、我當決定成佛、此言不妄、令此大衆皆作金色。言已、會衆卽變金色。文殊問曰、汝住何法、發如是願。女曰、文殊非所問也。何以故、於法界中無所住故。乃至佛告文殊、此童女者、已於過去發菩提心、經三十劫、我乃發趨無上菩提、亦令汝住無生法忍。爾時文殊、卽從座起、爲其作禮。白妙慧言、我於往昔無量劫前、已曾供養、不謂今者還得親近。詳大藏制字函第八卷。勸善財而增長發心。華嚴入法界品。無言於不二法門。維摩。悉力於安樂行品。法華。教龍吉祥之分衞下位莫知。儒首菩薩、入舍衞城分衞、無量大衆從之、時龍首菩薩亦從之。二大士酬唱、廣談深法。乃至云、行衞時、無念舉足、無念下足、無行無住、無屈無伸、無念分衞、無分衞者、無心無物、城郭聚落、長幼男女、一切皆無、是念亦無、廓爾清淨、是名菩薩分衞道也。在會聲聞、罔知其說。詳大藏翔字函第四卷。答琉璃光之光明正覺稱妙。涅槃經。佛廣說大涅槃、聞所不聞之義。高貴德王菩薩難、佛不容有聞不聞義。乃至云、是大涅槃、非世攝、若非三世、則不可說、云何而言修大涅槃、聞所不聞。佛印善說。時大會中、忽有大光、非青見青、非黃見黃、非色見色、非明見明、遇斯光者、身心快樂、如入三禪。文殊白佛、今此光明、誰之所放、如來默然。迦葉菩薩、卻問文殊、文殊亦默。無邊身問迦葉、亦默然。五百菩薩、皆亦如是、雖相諮問、然無答者。佛卽問文殊曰、是何因緣、有此光明。文殊答曰、是光明者、名爲智慧。智慧者、卽是常住。常住之法、無有因緣、云何佛問何因緣故、有此光明。是光明名大涅槃、涅槃常住、不從緣生、云何如來、而問因緣。因茲廣說常住之法。後佛告曰、汝莫入第一義諦、應以世諦而說。文殊方說其事、乃東方不動佛國琉璃光菩薩所現也。

談般若之玄致、屢貿本師。說權實之雙行、頻驚小聖。皆說法利生之事也。

談般若、廣如大藏。權實雙行、不思議經文殊說菩薩行云、菩薩行於世間、不爲世法所染、現處外道、諸見所不能動。雖斷煩惱、而不捨菩薩行。雖不住有爲、而亦不住無爲法。此義諸經頗多、二乘罔測也。

八涅槃

言涅槃者、此云滅度、亦曰圓寂。應緣既畢、斂迹復眞之義也。文殊般涅槃經云、佛滅度後，四百五十年，文殊師利菩薩，當至雪山，爲五百仙人宣揚法化，令成熟已，卽與諸仙，飛騰虛空，至本生地（卽舍衛國）尼拘樹下，結跏趺坐，入首楞嚴三昧。三昧力故，身諸毛孔，出金色光。偏照十方，諸有緣者，悉令得度。作佛事已，有大火光，從毛孔出，鍊金色身，成琉璃像。於兩臂上，有諸佛印，文相分明。琉璃像內，有眞金像，正長六尺，坐蓮華臺，了了分明。火光滅已，此像宛然。其五百仙人，各現神變，皆入涅槃。既滅度已，八大鬼王，舁琉璃像，置金剛山頂，起塔供養。或問，文殊大聖，入滅於彼，住持於此。彼爲眞滅耶，不眞滅耶，適言眞滅，住此者誰。適言不滅，胡不存形而遊此乎。答華嚴經云，爲令衆生生欣樂故，出現於世。欲令衆生生戀慕故，示現涅槃。而菩薩身，無有出世，亦無涅槃。何以故，菩薩常住清淨法界，隨衆生心，示涅槃故。譬如日輪，普照世間，淨水器中，影無不現，普偏衆處，而無來往。或一器破，便不現影，非日咎也。是知大聖，或出或沒，皆適衆生。而法身湛然，曾無生滅去來之相。體既眞常，用亦無間。但淨我心，聖無不現耳。此涅槃之相也。

九釋住

問·聖有三身·當以何身住清涼耶。答·三身俱住。住相云何·謂法身住者·毗盧遮那·自體徧故。器界之性·卽法身故。經云·普賢身相如虛空·依眞而住非國土。今約佛法性相義·分身土·則以法身住法性土·契證難思·義言住耳·實無能所二體也。報身住者·卽智與理冥·德稱體周·如日合空·卽名爲住。故東坡云·溪聲盡是廣長舌·山色無非淨妙身·似斯義耳。化身住者·卽文殊以三十二相之身·與萬菩薩·常住其中。若夫隨類之化·如牧童·皤叟·貧女·嬰兒等·種種變現是也。蓋法報爲體·應化爲用·體涵諸用·用根諸體。體周則用徧·故三不相離。問·若爾·則體旣無邊·用亦徧應·奚獨住五臺。答·現五臺者·爲應震旦之機·欲令歸心有在耳。若刹塵機感·法界圓應·夫何所拘哉。

十辯益

或問·自古國家·祀諸名山大川者·所以報一歲之功·爲生民祈福也。今夫清涼·海內之民·呑冰嚙雪·委命忘疲·歲歲登禮·至於燒身燃臂而投敬者·往往有之。且曰文殊大士、住於此山、而文殊有何義利於人、而令其若是耶。答、由此菩薩、於無量劫、事無量佛、捨無量身、修無量行、一一行門、恆爲利樂一切有情。由昔大願所任持故、今得如是等流功德、令諸有情、見相聞名、悉能成辦世出世益、乃至遠離生死、證大涅槃。譬如雪山大藥王樹、若有見者、則無眼病、若有齅者、則無鼻病、乃至觸者、則無身病等。菩薩功德、亦若是也。故寶積經說、若有得聞文殊名者、皆當成佛、唯除已入離生之位。（即二乘也）又云、若有得聞文殊名者、是則名爲面見諸佛。若有受持百千萬億諸佛名號、不若受持文殊師利一菩薩名、福多於彼。何以故、以彼等佛所作一切益衆生事、不及文殊一時作故。又般涅槃經云、若聞文殊名、或見形像者、百千劫中、不墮惡道。若稱念文殊名者、設有重障者、不墮阿鼻極猛火處、常生他方清淨國土、值佛聞法、得無生忍。據此、則假使住於蓬壺仙域、須彌天宮、經百千劫、不若舉一步向清涼山。何以故、樂彼天仙、常淪七趣、向我文殊、必得菩提故也。故藍谷云、昔博望張騫、尋河源於大宛。沙門法顯、求正教於西乾。況咫尺神州、寰中絕境、可不暫策昏心、聊揮懈足爲覺路之津梁乎。

清涼山志卷第一終

音釋

醜虜上昌九切，下郎古切，即匈奴，腥膻醜陋者。浮圖具云窣覩波，義翻淨刹，藏舍利處。盤礴下匹各切，盤曲廣博。四關東龍泉，南伏馬，西鴈門，北牛刑。滹沱音呼陀。瞰苦暫切，視也。毗盧遮那此云光明徧照。泥洹即涅槃，云圓寂。央掘云世間現。舍衛云豐德，豐衆德。國魔具云魔羅，此云殺者。陀羅尼云總持，總一切法，持無量義。窈窕上於鳥切，下徒鳥切，深遠貌。滀洩上音蓄，下音薛，雲龍潛化。張騫漢人，尋河源至西域大宛國，得良馬，進武帝，封博望侯。法顯晉僧，隆安間西域求佛法。須彌山名，云妙高，帝釋天居其頂。神州即中夏。舍衛三億舍衛九億人，三億見佛，三億聞佛，三億名亦不聞。

附錄普賢願王撮要（附此文。與文殊願生極樂。正同。文尤詳切。）

行願品普賢菩薩。於逝多林末會。發十大願王。其一一願。皆云虛空界盡。衆生界盡。我此大願。無有窮盡。是人臨命終時。最後剎那。一切諸根。悉皆散壞。一切威勢。悉皆退失。輔相大臣。宮城內外。象馬車乘。珍寶伏藏。無復相隨。唯此願王。不相捨離。於一切時。引導其前。一剎那中。卽得往生極樂世界。到已。卽見阿彌陀佛。其人自見生蓮華中。蒙佛授記。得授記已。經無數劫。普於十方不可說不可說世界。以智慧力。隨衆生心而爲利益。乃至能於煩惱大苦海中。拔濟衆生。令其出離。皆得往生極樂世界。又下偈云。願我臨欲命終時。盡除一切諸障礙。面見彼佛阿彌陀。卽得往生安樂剎。我既往生彼國已。現前成就此大願。一切圓滿盡無餘。利樂一切衆生界。

清涼山志卷第二

第三五峯靈迹

法身無相。偶居蓮華千葉之中。聖化多方。橫出香水四流之表。返常合道。利用契機。故飛輪銜寶。盪除尊貴之幢。晦影韜光。樹植蕭閒之幟。千尋壁立。跛驢智何處求蹤。萬象鏡懸。羚羊角誰能漏迹。微露一機一境。宛然分主分賓。淨鑠六識六塵。觸處隨時隨地。豈同夸張方伎。惑亂俗流。侈談蓬島三山。靈芝益壽。神州五岳。丹訣延年。神異迴殊。正邪攸別。志靈迹。

五臺亦曰五峯。臺言高平。峯言聳峭。所以有五者。觀國師云。表我大聖五智已圓。五眼已淨。總五部之眞祕。洞五陰之性源。故首戴五佛之冠。頂分五方之髻。運五乘之要。清五濁之災矣。其東西南北四臺。皆自中臺發脈。一山連屬。勢若遊龍。唯南臺特秀而鶱居焉。

東臺。約高三十八里。頂若鰲脊。周三里。亦名望海峯。若夫蒸雲寢壑。爽氣澄秋。東望明霞、若陂若鏡、卽大海也。亦見滄瀛諸洲、因以爲名。東溪之水、北注滹沱。支山、東南延四十里、入阜平縣界。西北延二十里、入繁峙縣界。●明給事中錫山仁甫萬象春詩、攀巖聳步上層巒、身世悠然宇宙寬。一望滄波迷大海、遙瞻紫氣接長安。丹峯隱隱霞光映、碧樹重重月影團。怪道陰雲生石洞、從知靈物此中蟠。其靈迹二十六。

那羅延窟　臺東畔。其內風氣凜然、盛夏有冰。吐納雲霞、或燈光時出。華嚴云、是菩薩住處、亦是神龍所居。●鎭澄詩、石窟開巖畔、靈蹤接上方。雲霞常出沒、神物自幽藏。冷積千年雪、虛明五夜光。東南觀海岱、煙水思茫茫。

笠子塔　臺頂。宋宣和間、代牧趙康弼同慈化大師、見異僧入那羅窟、留笠子、建塔藏之。●鎭澄詩、夢裏乾坤度幾秋、窮源直到海峯頭。短笻擊碎那羅窟、佛國恆沙任爾遊。

觀音坪　臺北麓、一里許。

華嚴谷　臺之西北、今名東臺溝。

棗林　臺之東北。元魏永安二年，恆州刺史延慶，因獵至此。僕六四人，逐一白鹿，偶見大宅高門，鹿即竄入。有一長者，鬚髮皓然，拄杖而立曰，鹿乃我家所有，卿何妄逐。僕曰，我不用鹿，飢困柰何。翁指東林棗方熟。四人就林而食，囊之歸進棗延慶。慶怪之，復迹尋之，遂失其所在。

五王城　臺東北數十里，有五王寺。

天城　五王城側。靈迹記云，天城即化寺也。不依地立，迴出雲霞，朱樓紺殿，皎若天城，得遇之人，塵機頓息。

大會谷　臺東谷，衆溪交會，滹沱之源出此。

華林　臺東南二十里，即今古華巖。

溫湯泉　臺東南七十里。

馬跑泉　臺東南六十餘里。

龍泉關　臺東南六十里。關之東，即直隸，關之西，即山西。●釋德清詩，策杖烟霞外，重關虎豹林。路當崎曲險。山入塞垣深。慘淡黃雲色。蕭條落日陰。邊笳如怨客。嗚噎嶺頭吟。

舊路嶺　臺東南五十餘里。

鐵鋪　臺南五十里。

棲賢谷　臺西南溝谷。呼宰殺溝。自古眞人藏修處也。●鎭澄詩。路入淸涼境。幽棲獨此多。烟霞藏梵宇。鐘磬出松蘿。疊嶂呈奇畫。流泉弄玉珂。尋眞未相識。且看白雲過。

觀音洞　棲賢谷口巖畔。洞有滴泉。味甘。●法本詩。足躡雲梯上翠巔。畫樓飛閣接雲天。殷勤瞻禮圓通相。一滴甘泉熱惱蠲。

化竹林　臺西南支山二十里。亦名祀竹林。昔人遠望萬竹鱗鱗。近則失之。遂此卓庵。●釋善安詩。茅房小築萬松間。幕幕烟光四壁環。深谷豈宜俗客住。溪雲常共野僧閒。夜深山鬼聞經去。日午天人送供還。自是身心常寂泊。不知飛瀑日潺湲。

青峯　化竹林南、今名大螺頂。●釋法本詩、蹋徧塵區念已休、歸來結社碧峯頭。無窮松韻清雙耳、不盡雲山豁兩眸。一箇蒲團消白日、半肩破衲度寒秋。人間八萬四千夢、盡向無生一念收。

現聖臺　青峯之南、唐觀國師嘗見萬聖羅空、五臺停岫。●釋覺玄詩、瑞靄雲飛杳杳窮、十千開士御寒空。繽紛不盡蓮華雨、無限眞人到此峯。

明月池　臺西南廿里、昔人晦夜見皎月澄池。●雨花老人詩、倚杖看明月、滄浪水正清。悠然歌此曲、可以濯吾纓。未入非熊兆、空沈老兔精。若逢知道者、相與結鷗盟。

石佛嶺　明月池南二十里。

漫天石　東臺頂、古有怪石、夏流液、夜有光、後人造屋、火之。

研伽羅山　舊云東臺山名、應是梵語、未詳所出。

紫府　五臺總稱、遠望五峯之間、紫氣盤鬱、神人所居也。無恤獵常山、西瞻紫雲之瑞至此見聖。●鎮澄詩、西望龍泉錦繡開、紫雲鬱鬱鎖仙臺。就中一片清涼地、劫火曾經幾度來。

黃巍嶺　商英望此見神燈、料是小東臺。

觀來石

南臺高三十七里、頂若覆盂、周一里。亦名錦繡峯、山峯聳峭、烟光凝翠、細草雜花、千巒彌布、猶鋪錦然、故以名焉。支山南延六十里、至欵巖寺。●萬仁甫詩、南臺孤聳隔諸臺、極目氤氳瑞氣開。花滿重岡堆錦繡、巖藏溼霧鎖莓苔。千尋寶刹摩雲出、百道飛泉帶雨來。欲證菩提何處是、暫從法地一徘徊。其靈迹二十一。

仙花山　即南臺之山名。●普明歌、南臺之麓、仙人之居、春雲靄靄、暮雨霏霏。臥於石罅而坐神龜。杳然飛去、仙花披靡。●李環洲詩、南極名山絕漢開、捫蘿直上最高臺。白雲縹緲峯前過、紅日曈曨地底來。望眼敢云空四海、飛身應擬近三台。尋眞到此聊經宿、莫謂丹成便浪猜。

普賢塔　南臺山上。

古南臺　臺南二里·嘉靖間·香林大士卓庵其上。●副使楊彩詩·沱水恆山一脈來·清涼勝迹自天開。石門祕訣封何日·寶樹靈根那爲栽。演法當年緣正覺·傳燈歧路謾相猜。停驂漸欲收登覽·先上南天紫翠臺。

石罅神龜。　二倶仙花山南半麓。

石城　臺南二十里·四山峭壁若城焉。●德清詩·青山白社意何眞·不厭孤遊杖屨頻。石裂峭崖天作障·寺居空界日爲鄰。瑤花紫朮春常在·豐草長林鹿自馴。悵望餐霞人已去·峯頭明月好誰親。

白龍池　臺東南麓。

插箭嶺　臺東二十里。宋太宗北征入此·見菩薩現八臂相·插箭而迴。

萬木坪　臺西南四十里。唐李澄師莊·爲普通供養。

龍宮聖堆　近娑婆寺。昔有龍母聞法化去·時龍池卽湧爲堆·故名焉。

聖鐘山　臺南八十里。昔有神鐘。飛來懸于巖下。高數丈。鐘後飛鳴而去。今鐵簴尚存。

聖僧崖　亦名滴水崖。臺南七十里。唐貞觀中。梵僧于此立化。

古竹林　臺西南三十里。唐法照入聖境。●鎮澄詩。森森萬竹拂蒼烟。可信人間別有天。回首不知誰是夢。夕陽山色意茫然。

虒陽嶺　臺西南三十餘里。佛陀波利見文殊處。有尊勝幢存焉。虒陽河源。發於此。

志公洞　清涼石南。

法華洞　志公洞前。

七佛洞　臺西南二十里。古有七梵僧。至此入寂不起。遂立七佛像。

千佛洞　臺東北崖畔。嘉靖末。道方者。夜遊至此。見神燈萬點。既出旋入。方隨入見玉佛像。森列其中。穹窿深迴。進里許。黤然聞波濤。悚怖不能出。念觀音名願造像。忽見一燈。尋光得出。乃造石佛于洞口。

金閣嶺　臺西北嶺，昔人見化金閣，建寺以擬之。●德清詩，祇園傑閣境淸虛，布蓋黃金計不疎。山指岳蓮瞻玉氣，地從塵海入空居。靑天有客乘鴻鵠，白社何人揭梵書。萬里風烟仍擊目，不堪登眺轉愁予。○一片輕雲日夜浮，即看春色又神州。無邊芳草年年路，不盡滹沱滾滾流。人世即今頻側目，乾坤自古一登樓。憑虛直欲陵風去，更許何人汗漫游。●侍郎楊海州詩，年來蹤迹厭紅塵，此日登臨託勝因。紫界左窺連渤岱，銀潢西指控周秦。堂齋罷柝鐘聲靜，梵偈傳香月印新。贏得緇流詢姓字，便疑驅遣幻中身。

天盆谷　金閣之左，山若仰盆。●泰山樵子孫枝詩，石磴穿雲上，松蘿覓路除。山深無客到，地僻有僧居。刳木通泉水，開畦種野蔬。好遊渾不倦，空閣且停輿。

蛇溝　天盆北，舊名車溝，若車箱形。

海螺城　天盆之東，昔人於此見化城，若海旋焉。●鎭澄詩，悵望靑山思更依，化城縹緲隔烟霏。曼殊境界原非外，只要當心一息機。

西臺高三十五里頂平廣周二里。亦名挂月峯月墜峯巔儼若懸鏡因以爲名。其上有泉羣山拱合巖谷幽潛。支山西北延四十里至繁峙縣界。●萬仁甫詩重巒硉矹倚青蒼紺宇參差八水旁。欲向法門探上乘閒來淨土即西方。泉飛石壁三衣溼花吐金蓮萬壑香。指點諸天僧話久峯頭明月已生光。其靈迹十七。

魏文人馬迹　在臺上石上印文若人馬足迹俗以爲魏帝至此。●覺玄詩魏帝鑾輿避暑來旌旗卷日映山臺。盤陀石上空留迹風雨千年印綠苔。

八功德水　臺北。●副使李北沙詩臺山闢自昔今日見青冥。翠抹千尋壁祥看五色屏。雲籠七寶樹水繞八功亭。散落天花夜清音送客聽。

二聖對譚石　唐法林見縞白二叟坐談石上近之則失因爲名。宣公子覩異於上建樓。●覺玄詩妙德弘開向上關維摩一默不輕還。對談若謂無言說風雨依前點石斑。

獅子蹤　對談石下。●雨花老人詩誰跨狻猊到五峯徐行蹋徧玉芙蓉。一方石上遺靈迹。八水池邊絕異蹤。花落每經香雨溼。春深惟有綠苔封。杖藜歸去應尋覓。見在西巖第幾重。

牛心石　臺東有石。狀若牛肝。

文殊洗鉢池　臺東北谷。昔有白髮母。洗鉢于此。僧明信問其故。曰。中臺乞食而來。言訖忽隱。唯見光映林谷。

泥齋和尚處　臺東北谷。昔有神僧住此。以泥作饌。與賓共食。●覺玄詩。西臺東北古巖阿。尊者修行志不磨。日午自搓泥劑子。旋充中食省檀那。

鳥門　臺西北隅。

龍窟　臺西半麓。

石門　臺之西南谷中。

李牛谷　臺西北三十里。

禪堂溝　臺西北溝。

峨谷　臺西五十餘里。

祕魔巖　臺西四十餘里。木乂和尚居此。德清詩。羊腸百折任靑藜。草莽蕭蕭仄徑迷。絕壁倚天應險日。斷崖無路只飛梯。依人野鶴尋常下。逐客山猿日夜啼。自是烟霞隨去住。到來元不費招攜。

龍洞　在祕魔巖。懇禱則龍現。見者非一。

薩埵崖　祕魔之西。古有代州王氏女。不欲配。逃于此。食薇飲露。父母逼之。女投崖。未墜而飛。

香山　中西二臺之間。

北臺高四十里。（舊傳三十八里。中臺四十里。今登中臺。不見北臺地面。登北臺。則見中臺地面。是知北臺高于中臺。故易之。）頂平廣。周四里。亦名叶斗峯。其下仰視。巔摩斗杓。故以爲名。風雲雷雨出自半麓。有時下方驟雨。其上曝晴。四方雲氣。每歸朝而宿泊焉。蓋龍帝之宮也。時或猛風怒雷。令人悚怖。嘗有大風。吹人墮磵。若稾葉耳。東望海氣。北眺沙漠。令人悲淒。登臨者。俯仰大觀。益覺此生微茫虛幻。支山北延四十里。至繁峙川前。有衆溪發源。注清河。● 萬仁甫詩。高臺天際鬱崔嵬。幾見山僧杖錫迴。幢影翻時陵日月。鐘聲鳴處隱風雷。身依北斗懷宸極。面對南山獻壽杯。冰積萬年消不盡。何時窮谷起飛灰。其靈迹二十四。

黑龍池　臺上亦名金井池。側有龍王祠。四方民禱雨輒應。● 西陵丘坦之詩。一片黃沙起。山川總不分。滿空飛亂石。四谷合烏雲。莫是龍王怒。疑從虎口聞。春光已三月。猶自雪紛紛。● 鎮澄詩。萬丈峯頭金井開。醍醐甘露謾相猜。龍王神力難思議。一滴能令徧九垓。

說法臺　臺之東。常出鐘梵之音。人多聞之。● 法本詩。聞道仙人說法臺。法音寥寂石生苔。談經大士今何在。惟有白雲空去來。

隱峯塔　唐鄧隱峯。參馬祖。飛錫解軍。倒化于北臺。妹尼立塔。近者僧明來重修。● 覺玄詩。隱峯倒化古巖前。筆立裙衣上聳然。良妹已收靈骨後。石幢高樹在峯巔。● 蒲坂福登詩。人間重苦是無常。誰不臨歧手脚忙。唯有吾師惺大夢。等閒遊戲死生場。●法本詩・金鎖玄關不可留・鄧公遺塔晚峯頭。顛亡倒化乘神浪・千古令人仰未休。●鎮澄詩・大士曾參馬祖關・陵空一錫向青山・頭陀本自無生死・爭肯區區取涅槃。

生陷獄　臺後半麓。隋繁峙民張愛・盜龍池錢若干・將歸・暴風卒起・吹墮于此。上聳巉崖・下臨絕澗・黑雲四蔽・冰雪摧身・求出莫由。志心悔咎・稱菩薩名・經宿雲開見白兔隨出。●鎮澄詩・迷裏清涼生地獄・悟時地獄即清涼。須知二法元無相・不離當人一念彰。

羅漢臺　臺之次東・一級平臺・唐十六梵僧至此同化去。

華嚴嶺　臺之東南・二臺之間。●孫孜詩・策杖登層嶺・攀蘿上極巔。深林迷白日・古澗落寒泉。四望山川盡・平臨星斗懸。不須求羽化・際此是登仙。●夢覺詩・好靜尋山谷・探奇上嶺頭・雙眸廓海宇・兩足跨雲樓・杖倚寒空月・人臨碧漢流・吾知非宿善・安得五臺遊。

樓觀谷　臺之東南二十餘里。

金剛窟　在樓觀左崖畔，乃萬聖祕宅。祇桓圖云，三世諸佛，供養之器，俱藏於此。迦葉佛時，楞伽鬼王所造神樂，及金紙銀書，毗柰耶藏，銀紙金書，修多羅藏，佛滅度後，並收入此。昔佛陀波利入此不出。●白下正秀詩，爲訪金剛窟，相將啓石扉。無心能造詣，有相可歸依。閣迴雲陰重，巖深暑氣微。三三前後語，千古露眞機。●福登詩，金剛窟子無縫罅，入者還他師子兒。鐵壁銀山直撥透，三三之語許渠知。●德清詩，均提相送出精藍，無著投機事已慚。莫謂當年人不薦，至今誰解話三三。●雲南淨倫詩，杖藜特叩金剛窟，回首雲生白水池。欲問三三前後事，一聲幽鳥夕陽西。●法本詩，無著寥寥不復聞，古巖餘瑞尚氤氳。遊人千載希靈迹，猶向峯頭禮白雲。●鎭澄詩，石門寂寂鎖蒼苔，波利尋眞去不迴。大智願王無向背，遊人何事浪相猜。

白水池　在樓觀谷後，其泉若乳，山人多取洗眼。●雨花詩，五郎溝下臥殘碑，一徑斜通白水池。雨歇空山澄罔象・風生曲岸動漣漪。銀沙布底月來處・雪浪滔天雲起時。到此君應懷藻鑑・洗清法眼是便宜。●覺玄詩・江漢微茫尙炳靈・一泓池水自澄渟。溶溶淡染秋光白・想是仙家玉液醽。

五郎祠　樓觀谷西山麓・宋楊業第五子出家處。●正秀讚・正行將令。卻入禪那。外彰威武・內息干戈。掃除六賊・戡翦四魔。金湯教法・屏障山河。名標寰宇・迹寄巖阿。偶來稽首・謾說伽陀。●鎭澄詩・國士寥寥馬不嘶・白雲深鎖五郎祠。宋家世界空成夢・鐵棒常拈欲恨誰。

玉泉　樓觀谷口・無著見化人于此飮牛。

紫霞谷　臺南俗呼北臺溝。清涼深處・禪侶幽栖也。●釋明讓詩・紫氣絪縕晝不開・靈霞日護法王臺。雲栖道者談經後・散落天花徧九垓。

龍門　臺南麓・裂石如崩・濤聲若雷。北有藏雲谷・下有留雲石。雲出爲雨・雲入爲霽。順庵胡公題其石・妙峯剌舌血書華嚴處。●鎭澄詩・獨宿龍門夜・寥寥心自如。神燈出杳靄・淸籟發寒虛。雪色千山迴・秋聲萬木疎。坐來諸念寂・因識古曼殊。

金沙泉　龍門之側。

仙人庵　臺後。●覺玄詩・何年仙子此修行・服日餐霞道氣淸。袖拂天風騎鶴去・至今傳說有庵名。

九女泉　臺後七里・曾有九仙女浣衣。

藏眞谷　臺西北・昔有五百梵僧藏修於此。

大黃尖　臺北二十里・即古北臺。

卓錫泉　在蘭若寺。唐初僧道賢縛茅藏修・每下澗汲水・往返甚艱。偶客僧至沐浴・賢數汲澗下。明日僧浣衣・賢再汲不厭・半途失跌・破缾・更取別器汲之・略無怠色。僧曰・子誠矣・即卓錫庵前・命賢拔之・不出。僧彈指・錫飛泉涌・僧即隨去。

憨山　古傳云・昔有梵僧・從魏孝文帝乞一臥具地・帝許之。僧展臥具・覆五百餘里。帝知其神・駭之・馳騎而去。帝聞山錚然・顧之・跛然隨後。帝曰・爾憨耶・山乃止・故以爲名。

文岫山　臺之西北四十餘里。

寶陀山　臺北四十里。亦名寶山。

秦戲山　臺東北七十里。山海經云。秦戲之山無草木。多金玉。滹沱之水出焉。亦名泒山。

品字泉　在秦戲山。卽滹沱源。西流由北臺之陰。諸溪競注。過繁峙城北。經代州五臺忻州定襄盂縣入眞定平山。左繞臺山三面。

中臺　高三十九里。頂平廣。周五里。亦名翠巖峯。巓巒雄曠。翠靄浮空。因爲名。與西北二臺接臂。南眺晉陽。北俯沙塞。有五溪發源。二溪左注清河。三溪右由西臺下出峨口入滹沱焉。水經云。峨谷之水。出於中臺。卽此也。萬仁甫詩。羣峯面面擁奇觀。朝雨和烟積翠巒。策杖千山渾不倦。披裘六月尚餘寒。蒼崖碧嶂周遭合。古木黃沙四望寬。雲霧漸看山半起。卻疑身已在雲端。其靈迹三十二。

靈鷲峯　臺東南支山、今稱菩薩頂、宛似西天靈鷲山、故借爲名。●正秀詩、大士棲靈、地何緣得共登。光中披梵夾、象外見眞燈。舉杖風堪御、騰身虛可憑、人天相接處、知是最高層。●鎭澄詩、青山藏白社、寂寞隔塵寰。鐘磬丹霄外、樓臺翠靄間。鶴依雙樹老、僧共野雲閒。欲識曼殊面、還應過別山。

甘露泉　臺右。

大寶塔　靈鷲之前、五峯之中。漢摩騰天眼見此有阿育王所置佛舍利塔、歷代帝王不廢修飾。明萬曆間、聖母李太后重建、厥高入雲、神燈夜燭、清涼第一勝境也。●晉陽王道行詩、浮圖屹立奠坤儀、從此羣山勢盡卑。百丈高僧無我相、萬年天子竟檀施。輪光偏入星河影、金色渾成世界奇。借問曼殊何處是、欲從言下決狐疑。●鎭澄詩、浮圖何縹緲、卓出梵王宮。遠帶青山色、孤標紫界雄。金缾涵海月、寶鐸振天風。自是藏靈久、神邦萬古崇。

佛足碑　在大塔左側。按西域記云、摩竭陀國波吒釐精舍大石、釋迦佛所遺雙足迹。其長一尺六寸。廣六寸。千輻輪相。十指皆現。華文卍字。寶缾魚劍之狀。光明炳煥。昔佛北趣拘尸那城。將示寂滅。回顧摩竭陀國。蹈此石上。告阿難言。吾今最後留此足迹。以示衆生。有能見者。生大信心。瞻禮供養。滅無量罪。常生佛前云云。後外道輩嫉心除之。愈顯如是。八番文彩如故。唐貞觀中。玄奘法師自西域圖寫持歸。太宗勅令刻石祀廟。以福邦家。至明萬曆壬午秋。少林嗣祖沙門威縣明成德州如意一夕一夢蓮花。一夢月輪現于塔際。既覺各言所夢。異之。及曉。少室僧正道持佛足圖貽之。及展見是雙輪印相。喜曰。此夢眞也。遂傾囊鳩募衆立石。時孟秋既望也。是夕。衆聞空中珠珮雜樂之聲。出戶視之。神燈點點。此聖神嘉贊也。●鎭澄讚。巍巍大雄。浩劫忘功。神超化外。迹示寰中。刹塵混入。念劫融通。開茲覺道。扇以眞風。竭諸有海。爍彼空濛。巖中留影。石上遺蹤。碎身作寶。永益羣盲。稽首佛陀。悲願何窮。

文殊髮塔　在大塔東側。昔文殊化爲貧女。遺髮藏此。萬曆間。方廣道人重修。見髮色若金·隨人覩之不一。●法本讚·昔有氈毯女·領犬復攜兒。入衆乞辰齋·既得還索之。我固無貪妬·愍爾多瞋癡·箇中無是物·何必生嫌疑·飛空明玉相·斷髮留金絲。大士乘通去·靈蹤萬古遺。紺塔陵雲霄·慈光破世迷。稽首大智王·神功不可思。

般若泉　大塔前左畔。唐僧慧潛結庵于此·日課金剛經。久之·感庵側涌泉·因爲名。飲者生慧。●覺玄詩·般若池邊止渴時·山瓢一吸樂何支。塵塵煩惱俱消歇·無限清涼說向誰。

雜花園　大塔前。唐末改築戒壇·今爲空壞。

鳳林谷　臺東南谷。

西天洞　鳳林谷北嶺。

梵仙山　臺東南三十里·中臺案山。昔有五百仙人·餌菊成道。●秋崖詩·愛玩吾家紫府山·溪雲老樹共僧閒。乾坤謾說蓬萊異·聞者雖多達者難。●覺玄詩·山頭紫氣日長浮·上有仙人汗漫遊。餌菊換教風骨異·白雲影裏去悠悠。

井溝　梵仙山西。

楊柏谷　井溝南。

九龍岡　臺南。近竹林寺。

令公塔　在九龍岡。宋楊業忠死。子五郎收骨建塔。●鎭澄詩。山色蒼蒼鎖暮烟。令公遺塔白雲邊。將軍忠義乾坤並。千古清標尙凛然。

竹林舍利塔　臺南竹林寺前。成化間。耕者得石槨。內銀匣中有琉璃缾。盛舍利數百粒。光色璀璨。係宋僧雲宗藏之。弘治間。燕京穆氏建塔。嘉靖間古燈重修。

竹林小像　本寺小像一龕。精巧入神。殆非人力所造也。●鎭澄讚。無邊浩蕩春。寄之在纖草。萬里長天色。印之於盆沼。佛身等太虛。促之在微眇。至道無古今。圓通絕大小。一龕藏法界。神功自天巧。稽首共瞻依。誰識衣中寶。

清涼谷　在臺南四十餘里。

古清涼　在清涼谷中。僧法聚構蘭若。●翰林顧紹芳詩。窈窕迴峯衆木陰。憑陵雙展暮雲深。千盤磴裏開僧寺，萬壑泉中出梵音。室利西來曾示迹，清涼此地足栖心。亦知世網終成幻，一鉢何年倚道林。

清涼石　在清涼谷嶺西畔，厚六尺五寸，圍四丈七尺，面方平正，自然文藻。或能容多人不隘。古者嘗有頭陀趺坐其上，爲衆說法，梵音琅琅，異狀圍繞，望之悚怖，近之即失，後人目其所坐之石曰曼殊牀。●楊彩詩禪林此石自何來，勝迹長留說法臺。獨伴白雲迷歲月，寒風暑雨任摧隤。●鎮澄詩一方靈石倚山巒，劫火曾經體正完。造化刻彫文藻麗，風雲磨拭玉光寒。瞻依盡滅多生障，摩觸能令萬世安。更有一般難信事，包容法界未爲寬。

清涼泉　在清涼谷北巖。●眞覺詩迸珠鳴玉下危巔，上有清涼沒底泉。涓滴尙能消熱惱，百川虛作浪滔天。

羅漢洞　清涼谷北巖畔。●眞覺詩清涼自是聖賢居，現有文殊領聖徒。洞室鎮常閒說法，游人還聽解知無。

清涼橋　臺南溪上。

萬年冰　臺東麓．有冰數丈．九夏不消．地多靜居。

寒山石　臺東南三里許。

玉花池　臺東南麓．昔有五百梵僧．於此過夏．白蓮生池．堅瑩若玉．代牧砌之．志曰玉花。●覺玄詩．何代池開白玉花．香風拂拂散天涯。雲行尊者飛空去．萬古芳聲不浪誇。

伽藍溝　臺之西北。

萬聖澡浴池　中北二臺之間．古有涌泉．澄潔可愛。遊人臨之．於天光雲影之間．或見天仙沙門．蓮華錫杖之狀．人或以爲菩薩盥掌之所。故四方之民．於盛暑時．多持香花拭巾而投之。後人甃方爲砌．構亭藏之．而靈相遂隱焉。●覺玄詩．六月中臺既望期．聖凡交會在斯時。想應千佛同來此．一夜雲生澡浴池。●正秀詩．一池清且淺．甘潔勝瓊漿。能洗愚癡垢．還生定慧香。光浮千界白．色映四天蒼。無以凡情測神哉不可量。

太華池　在臺上西北隅。唐傳。水深丈餘。古今見者深淺不定。臨池鑑影。令心劃然。●鎮澄詩。靈沼開雲際。泠泠下翠微。虛涵千嶂碧。影落四天輝。曾盥仙人掌。還停客子機。登臨春欲盡。花雨曉霏霏。

祈光塔　臺西南隅。成化間。秋崖法師同晉王祈光。遂願。故建之。●覺玄詩一上中臺自激昂。卻將身世兩相忘。彩虹五色圓光現。人各居中不在旁。

臺中舍利塔　唐藍谷法師。從梵僧乞得舍利若干顆。造鐵塔。盛於內。復建大塔藏之。萬曆庚辰。塔將傾。一夕怒雷大震。塔乃正焉。●丘坦之詩。四臺環四面。金殿向中開。埋寶方成塔。祈光別有臺。鳴鐘千谷應。聽法萬人來。莫怪牛山哭。浮生眞可哀。

師子窩　中臺西南嶺。昔人見萬億獅子。遊戲其中。萬曆丙戌。僧智光淨立等約五十三人。構屋結社。唯十方學道者共居。不許子孫承業。●紫柏眞可詩。狐兔成羣白日嗥天開此地。育金毛。翦除荆棘憑君相。培植栴檀在我曹。靜藹刳心成大義。法琳張膽建清操。祖宗風格陵夷盡。哮吼扶顛敢憚勞。●司馬趙國麟詩。每過僧誦處。便覺一官輕。幽邃從吾好。浮雲任世情。凭欄看鳥盡。倚杖聽泉聲。佳水佳山地。終當結素盟○古寺寒山外。鐘聲日暮時。閒雲飛鷲嶺。孤月照龍池。因果高僧話。胡麻衲子炊。從來麋鹿性。歸路意遲遲。

娑羅樹　清順治間。一梵僧指寶塔峯曰。有娑羅樹焉。山人隨視。只見五雲生岫。一樹浮光。而僧不見矣。聖祖駐蹕。忽聞異香。勅賜梅林。乃平陽四世孫天閒健和尚中興。頓成法席。

古志以大黃尖爲北臺。叶斗峯爲中臺。翠巖峯爲南臺。則一山連屬。後以錦繡峯靈瑞顯彰。大士頻現。且與四峯鼎立。人多觀仰。故定以爲南臺。則翠巖居中。叶斗爲北矣。況大黃尖乃叶斗支山。比之叶斗。殆若培塿。固不足以當五峯之列。藍谷傳以中臺高於北臺者。則悞以古當今也。準妙濟傳。五峯之外。復有四埵。東曰靑峯埵。卽常山。亦名無恤臺，趙襄子曾登是山，因以爲名。南曰朱明埡，即方山，李長者著論處。西曰鶴林埡，即馬頭山，亦名磨笄山，代子夫人磨笄自殺處也。北曰玄冥埡，即夏屋山，亦名覆宿山，古之帝王避暑處。然四埡之名，好事者立，而聖教無考焉。

五臺不產百嘉，半麓已上，並無林木。唯生香草，細軟如綵。其諸臺麓溪壑之間，純生杆朱異草雜花，不可悉記。其金芙蓉，他山則無。至若靈芝神藥，啗者足能開劫，迷易仙骨。自古得者往往有之，然非肉眼可識。今據妙濟傳略錄凡品于左。

名花有八。曰菊，晝開夜合 金芙蕖，陸地蓮 百枝，零苓香，●邪雲露詩，玉毫金相照清涼，花雨雲流溼不妨。佛散妙香香滿路，騷人采采入詩囊。 鬼見愁，生臺麓，能驅邪、●邪雲露詩。神呵諸怖遠，僧定百魔休。一夜生靈草，猶令鬼見愁。 鉢囊，世傳五百羅漢，結夏中臺之野，遺其鉢囊，化爲此花焉。 玉仙，亦名大吉，在南臺。 天花，菌類，生於柴木，臺山佳品也。●釋鎭澄歌，君不見五臺山上產靈葩，山人目之爲天花。多在巔崖深險處，枯木雲蒸抽菌芽。厥色渾如玉、厥味薄於瓜。樵牧得之如獲璧，持來獻入司公衙。司公得之亦甚喜，歌筵舞席爭相誇。烹羊宰鵝不足美，必得是物充珍佳。在上欲得索其下，公使展轉來山家。僧吏鳴鐘告其衆，衆聞官令嗟復嗟。裹糧探求入深谷，豈辭猛獸及毒蛇。求之不得須貿易，歸來典卻佛袈裟。昔謂人間苦塵役，偷閒學道歸烟霞。豈知寂寞寒巖下，營營公事數如麻。異物有時盡，人欲自無涯。我願君子心，如月絕疵瑕。清光徧照飢寒屋，肯令一念恣驕奢。

異草有三。萱蘐、雞足、菩薩綫、

藥草有二十五。茯苓、長松、黃耆、黃精、黃連、木瓜、大黃、桔梗、芎藥、麻黃、藜蘆、白芨、天麻、烏藥、甘草、柴胡、百合、沙參、茵陳、回香、管仲、木賊、秦艽、蒼朮、細辛、

藥石有一 鐘乳石、

第四伽藍勝概

峯巒示鷲嶺奇形、遠承佛國。樓閣涌寶王殊相、近現毫端。此十刹海清涼之界、實萬菩薩顯化之區。故經律祕於金剛、鐘鼓達於忉利。須知佛土莊嚴、非誇一時之富美。爰以檀那功德、足爲永劫之資糧。試觀買園布金、長者即生天上。聚沙成塔、童子終證菩提。況藉清衆之修持、紹隆正法。即仗佛光之臨照、佑庇羣生。佛法不可思議、功德定不唐捐。雖歷朝之興廢不一、而叢林之締構宜隆也。志伽藍

按古傳、五峯内外佛刹、凡三百餘所、多係先古帝王興建、今皆消沈。大孚靈鷲、

肇於漢明，立寺之始也。其中諸寺，或五峯抱出，或雙嶺中開，或疊起巖中，或聳居雲外。樓臺現乎杳靄，鐘磬出於烟蘿。至若天城現影，金閣浮空。無著悞入，不是人間。法照歸來，猶存山麓。此不思議界，聖境冥現矣。歷代以來，諸剎廢興沿革數目，難以悉記，今略錄顯著於左云耳。臺內佛剎，凡六十八。

大顯通寺　古名大孚靈鷲寺，漢明帝時，滕蘭西至，見此山乃文殊住處，兼有佛舍利塔，奏帝建寺。滕以山形若天竺靈鷲，寺依山名，帝以始信佛化，乃加大孚二字。大孚，弘信也。元魏孝文帝再建，環帀鷲峯，置十二院。前有雜花園，故亦名花園寺。至唐太宗重修，武后以新譯華嚴經中載此山名，改稱大華嚴寺。觀國師於中造疏。至明太宗文皇帝勅重建，感通神應，自昔未有，故賜額大顯通。古傳中有兩堂聖衆，非戒定慧全者，莫預此寺。自明初以來，勅旨護持，凡十餘道。永樂三年，設僧綱司，率合山僧祝釐本州，月給僧糧。至嘉靖間始革其糧。●王嘯庵詩五月行蹤入大孚，萬松如翦雪平鋪。尋眞客到青蘿嶂，駐錫僧居白玉壺。幾代苔文留錦字，諸天鈞樂護靈符、鑪烟經卷停雲閣、不信人間有畫圖。●丘坦之詩、卻向凋陵後、追思初建時。空廊留古像、毀殿落新泥。幡斷猶存字、苔封不辨碑。聖人不復作、遺迹重傷悲。

大寶塔院寺　顯通之南、五峯之中、有育王所置佛舍利塔、及文殊髮塔、因爲名。永樂五年、上勅太監楊昇重修大塔。始建寺。萬曆戊寅、聖母勅中梠范江李友重建。恢巍壯麗、冠于清涼。命比丘圓廣主其焚修。●釋正秀詩、佛刹歸巍倚碧空、諸天寒色照簾櫳。瓊樓靜掩娑羅月、寶塔香飄薝蔔風。百道明霞浮几上、數聲清梵落雲中。萬年慧炬通霄漢、洪福應歸聖主宮。●丘坦之詩、寶塔白毫光、傳從阿育王。萬山如磬拜、千佛共稱揚。鈴鐸迎風亂、栴檀逆鼻香。夜深聞梵樂、清切動悲傷。○百尺輪王藏、莊嚴不可當。曲藏無量佛、巧創大明王。登眺多高閣、經行有步廊。規模擬忉利、形勝擅清涼。●鎭澄詩、御節下清涼。山林品彙光。皇華輝鷲嶺、佛日煥龍章。寶刹開初地、金繩界上方。功兮何所致、明祚萬年昌。

大圓照寺　顯通之左，古稱普寧寺。永樂初，印度僧室利沙者，來此土，詔入大善殿坐論稱旨，封圓覺妙應輔國光範大善國師，賜金印，旌幢，遣送臺山，寓顯通寺。至宣德初，復詔入京，廣宣祕密。無何，辭歸山，上未許，明日示寂，上聞痛悼。之御祭火化，勅分舍利爲二，一塔於都西，建寺曰眞覺。一塔於臺山普寧基，建寺曰圓照。正德間，封張堅參爲法王，賜銀印，兼有都綱印。

大文殊寺　卽菩薩頂眞容院。唐僧法雲，自建殿堂，擬塑聖像。有塑士安生，不委何來，請言聖儀。雲曰，大聖德相，我何能言。相與懇禱，求聖一現。七日，忽光中現文殊像，遂圖模塑成。因名眞容院。歷代人君，不廢修飾。明永樂初，勅旨改建大文殊寺，勅賜貝葉靈文，梵文藏經，朱書橫列，御製序讚。每帙盛以錦囊，約以錦縧，護以倩氈。並欽造文殊鍍金像。萬曆辛巳，間上勅太監李友重修。●釋秋崖詩，古今皇帝勅，寺啟鷲峯頭。客喜松間屋，僧棲雲外樓。羣山皆北向，二水自南流。名字聞天竺，神僧荷錫遊。●鎮澄詩，古寺晚峯頭，登臨興未休。林烟籠紺殿，幡影挂朱樓。僧度溪橋月、鶴翻雙樹秋。坐來深院寂、夜雨一燈浮。

大廣宗寺　鷲峯南半麓。正德初、上爲生民祈福、遣中相韋敏建寺、鑄銅爲瓦、今稱銅瓦殿。賜印。并護持。命秋崖等十高僧住。●紫柏眞可詩、方丈蕭蕭倚鷲峯、顯通久寂講經鐘。更憐銅瓦風霜老、祇恐重來不易逢。○鱗鱗萬瓦五峯中、不用泥燒用鑄銅、無柰朔方冰雪甚、住僧無力可支傾。●儲御史詩、仙宮開曉日、鷲嶺住高僧。氣宇閒林鶴、襟懷古澗冰。秋崖圖晚節、苦海羡先登。坐見超凡界、崑崙駕大鵬。●秋崖詩、小朵天城寺、百年我遁中。青山雲影淡、紫府樹林豐。洗鉢龍吞水、扶笻鳥入空。天機何處是、黃葉舞秋風。

羅睺寺　塔院寺東北隅、唐建。張天覺於此見神燈、有感、修飾。成化間、趙惠王重建。

廣緣寺　鷲峯東、古名大王寺、世傳昔有王子棄國出家于此、建寺。明朝改建、後有妃子寺、卽王妃出家處。

法王寺　妃子寺後、明張法王建。

普濟寺　華嚴谷．亦名北山寺。明成化間．澄孤月．禪行聞於代王．成煉．始建寺．今爲代王香火。●孤月詩．深隱巖阿不記年．名韁利鎖莫能牽。七斤衫子重聯補．日炙風吹愈轉鮮。○颯颯春風和鳥哀．清音直到耳邊來。鑪燒柏子端然坐．對月殘經又展開。●鎭澄詩．落日北山寺．蕭然古澗邊。白雲生翠崦．明月下寒泉。孤鶴棲雙樹．疏鐘破曉烟。焚香坐清夜．暫爾已忘緣。●正秀詩．齋餘聊結伴．來此叩禪關。古寺開前代．危樓倚北山。僧持靈錫去．龍帶嶺雲還。寂寞烟霞裏．優遊且共攀。

般若寺　樓觀谷．唐無著嘗入化般若寺．因建寺名焉。成化間．立禪和尚道行聞晉王．重建。●覺玄詩．有緣尊者信前生．童子開門遠迓迎。盡說曾遊般若寺．不知誰在裏頭行。●虞山瞿太虛詩．寒巖一片雲．徘徊長松頂。下偶幽棲人．往來樵牧境。相看兩相得．無言意自永。冷風忽飄拂．吹度清涼嶺。斐亹金色界．望望何逶迴。如逢繡墩翁．或對均提名。爲問般若寺．可與衡茅並。仙衣幾時還．天末日引領。那得寒潭中．復駐悠悠影。●性善詩．古洞巖阿一徑通．石門幽掩薜蘿中。青衣自昔迎先覺。金色於今攝後蒙。風奏松音回劫夢。日薰花氣露春容。自憐未會三三意。把筆徒勞繪太空。

太平興國寺　樸觀谷。宋沙門睿見。結廬于此。平生自誓者四。眼不覩非法之色。耳不聽非法之聲。口不道非法之語。心不緣非法之事。太宗平晉。聞師道。詔見行宮。勅建寺。賜額太平興國。以師主之。卽楊五郎之師也。中有五郎祠。五郎之後眞寶。代州人。以義爲質。能外死生。欽宗厚遇。靖康之亂。寶爲金酋所獲。庭抗不禮。金不忍殺。百方勸誘。終不顧。且曰。吾許宋皇帝以死。爲佛弟子。豈當爲妄言耶。怡然受戮。上聞痛悼不已。立祠本寺。今祠沒焉。●秋崖詩。宋世功臣志異常。棄名林下學僧郎。乾坤到此誰堪並。獨許英風動帝王。○阿師功業與天齊。恨殺丹青不與題。儻得將軍常在世。宋朝爭肯屬單于。

法雲寺　卽華嚴嶺。唐三昧姑開化處。代藩中官王朝。因僧眞善開拓重修。●丘坦之詩。欲覽諸山勝。先須渡法雲。萬山開釜口。五頂各支分。侑佛山中樂。留賓澗底芹。老僧慰辛苦、安置費慇懃。

普恩寺　普濟寺東山、舊稱西天寺、元建。明洪武間、具生室利板的達寓此、道聞于上、詔入京應對稱旨、賜龍章護持正統間、賜藏經、兼護持。●洪武御製詩師心好善、善心淵宿因曠作今復堅。與佛同生極樂天、觀空利物來東邊。目有神光頂相圓、王公稽首拜其前。笑談般若生紅蓮、周旋俯仰皆幽玄。替佛說法近市廛、驊騮雜遝擁粉鈿。飄飄飛度五臺巔、紅塵富貴心無牽。松下趺坐自忘緣、人間甲子不知年、此之謂入如來禪。

平章寺　金建。

報恩寺　幷在華嚴谷、皆荒涼。

金界寺　華嚴谷唐建。張商英於此見神物、成化初清玉禪師重修。

萬壽寺　亦名玉花寺、中臺東南麓。隋有五百應眞棲此、龍神修供。有騾數十疋、不用人驅、自能入市運糧、朝去暮歸、率以爲常。過夏俱隱。是時白蓮生池、瑩若玉、七日乃爍。代牧砌其池，志曰玉花。明改爲萬壽。

鐵瓦寺　玉花池南，元建，三泉寺入焉。

壽寧寺　在三泉寺南嶺，古名王子焚身寺，高齊第三子，自識宿命，厭塵勞，于此燃身，供聖，菩薩現形火光中。內侍劉謙之回奏，帝悼之，勅建寺焉。唐普雨大師，奏昭宗重修，撥州田百頃，充常住費。宋景德初，勅改建曰壽寧。元華嚴菩薩者，有道僧。成宗及英宗，幸山，命右丞相巴思，重修葺焉。

西壽寧寺　元碧峯建。

三塔寺　鷲峯之西，萬曆初勅建，僧了塵主之。●李環洲詩，八十禪翁號了塵，錫飛來自天之津。見明水月成空寂，風靜巖花解悟眞。法藏度流三塔寺，江山收盡五臺春。浮生半日逢君話，浪迹乾坤愧此身。

殊像寺　梵仙山左，有文殊駕狻猊像，神人所造，見者肅然，生難有想。●鎮澄詩，瞻對金容意黯然，依稀身在福城邊。南詢有路無人踐，烟水茫茫鏡暮天。○南國鶯啼花雨天，吾師開化福城邊。等閒一顧青蓮眼，證入無生已六千。○吉祥妙德相難窮，有作何能盡至功。唯有菩提心界裏，一輪秋月下寒空。

日光寺　在鳳林谷，嘉靖初，獨峯和尚建。

寶林寺　日光北，嘉靖間，古燈禪師建。

鳳林寺　嘉靖間，徹天和尚卓庵，嘗有盜賊至，見二虎據門，賊乃革惡，因呼爲二虎禪師。萬曆初，道聞于上，改建爲寺，額曰鳳林。五年，勅建慈壽寺，使官徵之不可，使官强起，師辟穀七日乃終。賜祭塔於本山。●一江和尚詩，五月清涼界，談經入鳳林。松風和梵語，流水奏幽琴。雲淡曼殊面，花妍古佛心。不須覓黃卷，徧演法王音。●鎭澄詩，古木寒巖寺，山門控碧流。丹梯接上界，複道繞重樓。松老鶴巢穩，雲閒僧舍幽。何時投杖屨，於此事清修。

護國寺　鷲峯南三里許，元成宗勅建，眞覺國師住此，著慧燈集。明弘治間，周國母重建。●鎭澄詩，探奇來古寺，觸目動幽懷。路繞萬松曲，門迎一水開。丹墀迷蔓草，畫壁沒青苔。不見談經者、空堂雲自來。

帝釋宮　卽今玉皇廟。

碑樓寺　宮南。

萬聖佑國寺　交口東山麓。元海印大師居此、註肇論。英宗爲建寺、賜號弘教大師。●鎭澄詩、白社翠巓頭、登臨思轉悠。風烟千嶂暮、鐘磬一林幽。清寫藤蘿月、寒生薜荔秋。虛堂無一物、坐看大雲流。

觀海寺　卽明月池。在大文殊院南二里、元魏建。成化間、月舟禪師重修。清康熙間、吻叶和尙重建。後有夫緣和尙中興、立爲十方常住、慈心利物、本分爲人。●法本詩、萬松深處梵王宮、幕翠迴嵐知幾重。定起峯頭新月上、一枝松影下簾櫳。

吉祥寺　卽清涼橋、在中臺南麓。思曇和尙重建、歷四世而至離塵和尙、不剃度、不分襲、不私蓄、不別衆、凡有作務、以身先之。故內外諸省、皆知有清涼橋叢林者、代不乏人爾。

佑國寺　卽南山寺。臺懷南五里。奎衷和尙重建。後有仁山和尙繼興。立爲十方常住。結制安禪。寸陰不廢。

大文殊院　卽沐浴堂。在佑國寺南三里。吻叶和尙建。後有本空和尙中興。立爲十方常住。授戒安禪。躬行愼切。

護衆庵　在觀海寺南五里。原是叢林。因無其人。數年歇響。後有如然和尙。復整爲十方常住。葺廢修殘。弘戒演經。曉夜不懈。

鎭海寺　交口西南嶺畔。

雷音寺　在海螺城●紫柏眞可詩。雲裏有雷音。逶迤一徑深。好將三里霧。化作萬方霖。蛟室寒巖裂。僧房夏木森。我來了宿約。去住兩無心。

雲集庵　在曉天梁。

天聖寺　井溝。嘉靖間建。

靈峯寺　陽白谷。唐建。成化間。義賓上人。約五十三人。結社參禪。皇戚周善世來遊。

觀衆有感割金三千重修。秋崖詩。一室千峯裏。幽居少客臨。經函就月案。禪榻倚雲岑。極目空天地。潛心無古今。流聲到人世。故我得相尋。

中峯寺　聖水寺　天城寺　三寺俱在陽白谷。皆靈峯寺支院。

天盆寺　依山得名。近有空上座重修。

日照寺　天盆谷。

金燈寺　南臺東北麓。元建。成化間。一庵重修。性善詩。梵刹碧山旁。金燈夜吐光。衆生心有感。菩薩用無方。蘿月庭秋冷。松風海曙蒼。五更初定起。清磬聽何長。

金閣寺　南臺西北嶺畔。昔人見金閣浮空。因建寺。楊彩詩。塵中日夜忩昏狂。暮景來參古佛堂。高閣崚嶒銀漢近。白雲縹緲玉毫長。一乘此際窺宗旨。千手翻疑涉杳茫。兀坐頹然塵念淨。數聲清磬倚斜陽。王道行詩。鴛甃朱甍乍有無。雲開福地忽平鋪。蓮華十丈承神足。貝葉千函鎖佛圖。香積廚中松火冷。涅槃會上石牀孤。瞻依共說通身眼。何似懷中不二珠。鎮澄詩。傑閣倚雄峯。登臨興未窮。怡然觀物化・肅爾禮慈容。簾捲千山雨・窗含萬壑風。倚闌何所思・霜月挂寒空。

竹林寺　中臺南三十里・唐法照悞入化竹林・因創寺・名焉。歷代以來・不廢修葺。●丘坦之詩・徧刻千尊佛・存來不記年。纖微豈人力・妙麗自天然。殿毀塔猶在・山荒名尚傳。寺僧頭盡白・亦復昧因緣。●秋崖詩・清涼山畔幾叢林・羅列千峯萬木森。溪涌寒雲流碧玉・風飄落葉散黃金。縱橫雁塔星霜古・敧側龍碑歲月深。多少禪宮看代謝・徘徊誰不動愁吟。

清涼寺　中臺南四十里・元魏孝文建。歷代以來・不廢修飾。唐宋皆設僧正司。●祝顥詩・後嶺前峯迭逐迎・景多目眩亂吟情。青山影裏僧家住・綠樹陰中客騎行。流水洗心塵垢淨・涼風吹鬢夢魂清。山高已見諸天近・明日登臨見化城。

智導庵　中臺南麓・即清涼泉側。萬曆間・釋明經建。

望海寺　東臺・元建。嘉靖間・秋月禪師重修。●鎮澄詩・寶刹陵霄漢・登臨意廓然。雲霞連海岱・嵐色接青天。遠塞冥鴻杳・長空孤月懸。始知身是夢・回向禮二仙。

普濟寺　南臺・宋建・成化間重修。●性善詩・策杖尋幽上翠巔・清涼春盡景芳妍。千崖花綴千崖錦・五頂峯連五頂天。梵刹岧嶢陵日月・經堂寂寞鎖雲烟。眞容欲覩知何在・極目蒼蒼意惘然。

法雷寺　西臺・唐建。明法聚重修。●晋陽西屏詩・臺山遠蹋勢陵虛・臺上高飆不可居。五頂插霄皆嶼嵥・萬林蔽日總扶疎。舊聞勝槩風光異・今覺閒遊懷抱舒。徧歷峯巔望四極・恍疑天近地無餘。

靈應寺　北臺。五臺唯此山高風猛・人難措泊・往者多凍餒而死。隆慶初・釋圓廣與徒明來構居開粥・以濟飢寒。萬曆丁亥・釋佛秀募造文殊大像・未遂竟以勞死。感夢慈聖施金・佛始成。遣中使陳儒・載送峯頂・更建殿宇供奉・爲祝釐之所。●丘坦之詩。客子新遊地・文殊舊道場・莊嚴託聖母・護法有龍王。殿與雲霄近・山多松柏香。風濤復暴作・愁絕老僧房。

演教寺　中臺・唐建。弘治間・玉禪師重建。中有鐵塔・藏舍利焉。●秋崖詩・嵯峨高萬

丈氣宇眇蓬萊塔影連雲漢鐘聲出斗限龍池藏日月聖地絕塵埃天下多名勝難同是五臺

淨土庵　棲賢谷嘉靖間玉峯和尚開山歷試苦行嘗四十餘日昏散不入後廣集緇流事淨土行因結庵●新安明淵詩蓄髮頭陀遁僻林定忘昏散道猶深雙眉不著人間夢一塵高揮劫外音野衲從風因有道山禽相狎爲無心蒲團夜照清涼月一榻松風獨自任

龍興庵　棲賢谷嘉靖初太虛和尚卓庵於此初住林茂無人正旦見金色女手執蓮花立石上俄而不見流光滿谷又嘗聞龍鳴居無何大開社火廣接方來叢林鼎盛因爲名●鎮澄詩紛紛逐榮辱大士獨驚心避俗離寰闠誅茅入遠岑林花觀代謝漚影識浮沈定入千峯夜寒雲一榻深

靈鷲庵　華嚴谷東嶺正德間僧官從鈴建

大鉢庵　紫霞谷羣峯拱抱茂林森聳無邊禪師得楚峯和尚道濟下廿八代楚峯

嘗囑曰。爾後有鉢飯。當共衲子食。嘉靖甲子。卓庵於此。掘得銅鉢。受斗餘。遂成叢林。●伏牛法光詩。住老臺山不記年。蔬餐澗飲樂心田。雲埋五頂誰人到。雪覆千峯獨自眠。擊鉢謾歌佛祖句。縛茅常結水雲緣。自從勘破西來旨。此段因緣不易傳。●鎭澄詩。羣山環抱樹森森。大士開圖歲已深。銅鉢埋來應有識。可知原是舊叢林。

靜林庵　紫霞谷。釋眞雲所構。學天目中峯禪。梓其書以施人。●寂江詩。靜林庵結碧巖阿。目極溪山樂處多。簾捲白雲生遠岫。窗含明月映澄波。燈寒絕澗龍蛇冷。路僻羊腸虎豹過。門掩清涼無箇事。數聲啼鳥隔煙蘿。

雜華庵　塔兒溝。僧正參建。

法雲庵　卽古彌陀庵。在龍門上。長干德清居此。號爲憨山子。清幼歲人呼爲清郎。萬曆己亥。與友妙峯卓庵於此。掘地得石座。上勒清郎居三字。有契焉。遂居之。●鎭澄詩。獨宿千峯裏。良宵開竹房。幽松發爽籟。澹月生微涼。野色凝心靜。溪聲引興長魂清眠不得擁衲坐繩牀。

大林庵　在鳳林谷。金陵素庵法師構。

龍樹庵　在車溝。嘉靖初寶印。楚峯。玉堂。同參大川和尚。日向去三人載一車。後至蛇溝。共結庵而居。致成叢林。蓋蛇溝。舊名車溝也。●楊海州詩。巖扉一榻安。便遣紅塵累。巾裾帶月清。枕簟流松翠。梵磬夕轉幽。花雨晴還墜。蓮社倘相容。日耽菩提醉。●謝畹溪詩。三老習禪靜。結宇白雲林。戶外數峯秀。巖前衆壑深。夕陰連雨足。空翠落庭昏。看取蓮花淨。方知不染心。

棲鳳庵　天盆北嶺。嘉靖間寶峯建。●釋紫崖詩。峯頭嘉木綠依依。客子尋芳路轉迷。清磬一聲寒雨外。淡烟縹緲隔幽栖。

華嚴庵　棲鳳庵東北。嘉靖末。僧古檀能誦華嚴。於此卓庵。

白頭庵　南臺東北十餘里。昔有行者。生而皓首。神異頗多。嘉靖間卓庵於此。後罔知終焉。●性善詩。皤然一老叟。來自無何有。手攜紫節藜。飄飄鶴隨後。兩鬢帶秋

霜未擬年多壽隱顯翠微中樵牧傳之久乞食向人間結庵倚山阜紫氣擁崖巔丹砂養星斗乘輿入蓬萊相尋不相偶題詩細咨詢遺蹤果非謬

臥雲庵　中臺西南麓明建●法光詩臥破白雲不出山終朝無事樂閒閒一聲清唳松頭鶴格外風光那可攀

不二樓　西臺北樓倚二聖對談石景泰間宣城公子遊此遙見紫金樓躍出雲表因建重樓擬所見也嘉靖丙寅永平法師慧月至此見文殊淨名二聖對談須臾失之有感偈曰清涼有分歸來晚大聖無緣奉覲難一句了然千聖外相逢何事自顢頇先是成化間有老尼居此自憶宣公子再來發其私隱皆符契將終勒石志曰吾若來時必闡華嚴重修是樓月公至此講華嚴凡五徧矣故時人呼爲華嚴樓亦曰三生樓●鎮澄詩大士談經不二樓八功德水印明秋洽洽清梵滿山谷散入冥空不可收○談經人在翠微中縹緲烟霏隔幾重欲寄此心無可託長隨片月挂西峯○冰雪談經歲已深蕭條瓶鉢挂高岑虛空不住娑婆影劫火難

銷刻苦心。

臺外佛刹，凡三十六。東臺外九寺。

華林寺　在古華嚴，唐建。至明朝，凡四修。

香雲寺　華林相鄰。

香藁寺　華林之東，中有乳頭香藁。

慈雲寺　香藁之南。

龍蟠寺　大會谷，其山狀若蟠龍。

鳳嶺寺　龍蟠相鄰。

溫泉寺　臺東南五十餘里。古傳昔有王者嬰疾，至是就浴，疾差，因建寺。元重修。

銅鐘寺　大會谷中。有神鐘，受三十斛，彫文鏤藻，綺煥可觀。寺僧慧燈受戒赴京，及歸，鐘失。徘徊愴惻，冥啓大聖。忽聞空中報曰：鐘乃拘樓秦佛時，兜率天王所造，今收入金剛窟中，爾何求耶。燈遂勒石爲銘云：寺法器，世無倫，擊振吼，息烟塵，集聖實、滅苦因。被收入、金剛輪誰得知、聞空神表神鐘之去處、絕後代之疑人。

龍泉寺　臺東南舊路嶺、宋建。嘉靖初、羣盜縱橫、往者憚之。有馬大士者、不知何來、依止廢寺、遇賊卽殺、羣盜乃絕。由是道路復通、往來無難。馬公將卒、以三門託燕京大智宗主、以慈惠及物。山之野民、靡然從化、恥爲盜者、皆願施重修其寺。諺云前日馬那吒、今朝智菩薩。●燕京釋永慶詩、龍泉抱古寺、梵影出重城。喬木團青蓋、丹崖列翠屏。朝烟諸壑暝、秋水半溪明。講罷西齋月、蕭然一榻清。

南臺外九寺

靈境寺　去臺二十里、成化間、釋清善建。●法本詩、蕭蕭靈境倚雲層、拽杖南來試一登。帀地莓苔敷臥具、半龕蘿月代昏燈。緇衣有力耕南畝、白社無人叩上乘。覽盡清涼多少寺、不堪愁思憶衰興。

石塔寺　亦名小柏寺、臺東南谷、元建。

娑婆寺　臺西南三十里。高齊釋玄頥卓庵于此、誦華嚴、有婦攜子、數來聽經。頥疑之。婦卽知其疑、告曰、師莫疑、我名娑婆、乃龍母也。因聞法得悟、我將脫是類矣。蹟曰、孰當信汝耶。婦指龍池曰、我若眞悟無生者、此之深陂、涌成高阜。言訖、隨手而起、卽成高阜、婦卽化去。後人目其阜、名龍宮聖堆。玄賾於此建寺、名曰娑婆龍母名也。●鎭澄詩、華座巍巍樹影重、白雲不散講時鐘。龍聞了義乘通去、梵宇猶存翠靄中。

佛光寺　臺西南四十里、元魏孝文建。帝見佛光之瑞、因爲名。唐解脫和尙於此藏修。●參政王陶詩、五臺山上白雲浮、雲散臺空境自幽。歷代珠幡懸法界、累朝金刹列峯頭。風雷激烈龍池夜、草木淒涼雁塞秋。世路茫茫名利者、塵機到此盡應休。

嵌巖寺　臺南六十里、元魏孝文帝建。

赤崖寺　聖福寺　法華寺　殊公寺　並在仙花山陽。其廓魔石臺雙嶺等寺、入焉。

西臺外九寺

祕密寺　在祕魔巖，巖谷幽深，隱者星布。唐木叉和尚于此藏修，始建寺。●大千和尚詩，覽勝登臨興有餘，祕魔巖畔幾閒居。羊腸石徑通幽谷，鯨首鐘聲透碧虛。隱隱龍宮多子母，蕭蕭僧舍少親疎。何時得遂歸來志，相共雲間展鉢盂。

圭峯寺　峨谷，隋建。●覺玄詩，幾年聞說圭峯寺，未暇從容試一遊。丹鳳翻來形勢古，青猿啼斷海山秋。霜鐘擣日開金殿，鐵鉢分泉漾碧流。嘉賞每思酬宿願，爽吟先付管城侯。

豹子寺　熊頭寺　向陽寺　育王寺　望臺寺　石門寺　六寺並在峨谷，隋唐所建。

鐵勤寺　臺西南六十里鐵勤山，唐慧洪大師建。●鎭澄詩，西出清涼路轉遙，鐵勤方丈倚青嶂。鏗鏘澗水幽琴合，起伏雲山翠浪朝。僧定虛堂生白月，鶴飛雙樹動清飆。頭陀更在深巖下，默默無言味寂寥。

北臺外九寺

寶積寺　臺北谷。

木瓜寺　臺北谷。

普濟寺　大黃尖南麓。唐建。

公主寺　臺西北谷。元魏第四誠信公主出家建。唐有尼。掘得尺璧。獻武則天。下勅重建。唐末唯德禪師重修。

淨名寺　臺西北繁峙縣南。唐建。具九山龍戲龜之勢。寺在龜背上。宋興國間。勅建。金大定間。重修。元天曆二年。推官郭琪重葺。●天覺詩。月滿汾川寶鐸寒。誰來此地葬金棺。育王得道行空際。尊者飛光出指端。天上凝雲常覆定。人間劫火漫燒殘。三千世界無留迹。聊向閻浮示涅槃。

正覺禪院　臺北臨滹沱。宋稱天王院。宣和初。黃冠所侵。改神霄宮。三年。復佛寺。時有眞容院僧慧識。主之。邑人仰重。相與踊躍葺之。復請額于朝。賜名正覺禪院。將立石志其事、識以言于大夫王公元禮、禮復言于承德郎高公植。植爲文、其略曰、昔我師釋迦、以修多羅教付阿難陀、以正法眼藏付大迦葉、由是宗教並行。今五臺山善言佛者、宗則佛光解脫師、教則華嚴觀國師。其間名流繼出、代不絕人。自宋以來、唯教僅存、其言宗者寂無聞、顧識所主院、獨以禪名、奈何。植復於禮曰、事固有實廢而名存者、雖聖人不去也。昔子貢欲去告朔之餼羊、孔子以爲羊存、猶得以識其禮。故告之曰、爾愛其羊、我愛其禮。蓋存其羊、冀禮之復行也。識之院榜之曰禪、其誰曰不可、禮固知識之志也。請并記以告將來、其有能發最上乘者、庶幾因是而得解脫。復於此土傳無盡燈、則於世尊拈花囑付之意、爲不孤矣。

清源寺　大黃尖下二十里、元建。羣峯環抱。山氣日佳。禪者之栖也。關西僧戒喜、久參悟中和尚。及辭、中曰、爾緣在北、逢源而止。萬曆初、至此卓庵、掘地得殘碑、因識清源古基也。

蘭若寺　大黃尖北二十里、唐建。萬曆初、法華道者、遊行五頂、誦法華、日夜無忘。後挂錫於此重修。中有卓錫泉·宋谷寺·天宮寺·入焉◉鎮澄詩·清涼北控太行峯·望入烟霄紫翠重。日暮白雲飛不盡·幾回敲斷夕陽鐘。

普光寺　今名黎谷寺·在文岫山金璧峯藏修處。洪武間勅修·上賜詩以旌之。金公嘗依華嚴制爲佛事·梵音哀婉·凡四十二奏。唯本寺襲其法·四方學者于茲灌頂受業焉。◉御製詩·沙門號璧峯·五臺山愈崇。固知業已白·此來石壁空。能不爲禪縛·區區幾劫功。處處食常住·善世語龐鴻·神出詣靈鷲·浩瀚佛家風。雖已成正覺·未入天台叢。一朝脫殼去·人言金璧翁。從斯新佛號·盞水溢蛟龍。飛錫長空吼·隻履挂高松。年逾七十歲·玄關盡悟。終果然忽立化·飄然陵蒼穹。寄與璧峯翁·是必留禪宗。

清涼山志卷第二終

附錄結蓮社普勸文

如是我聞、西方有佛、名阿彌陀。一名無量光、一名無量壽。又有觀音勢至二菩薩、助佛揚化、皆以大願力、濟度諸衆生。其國以七寶莊嚴、清淨自然、無諸雜穢、故名淨土。其人皆蓮華化生、壽命無量、衣食受用、隨念而至、更無諸苦、亦無輪轉、故又名極樂世界。以此返觀我等現今所受之身、所處之世、較彼國土淨穢壽量苦樂生死、豈止天地之相遠耶。而昧者不知、或知而不信、自作障礙、顛倒執迷、不思解脫、捨此生彼、豈不哀哉。故我今者勸諸有緣、結此蓮社。假使難知難辦、猶當勉力精勤、況佛號甚易持、淨土甚易往。八萬四千法門無如是之捷徑、但能輟清晨俛仰之暇、遂可爲永劫不壞之資。是則用力甚微、而收功乃無有盡、衆生亦何苦自棄而不爲乎。噫、夢幻非眞、壽夭難保、呼吸之頃、即是來生、一失人身、萬劫不復、此時不悟、佛如衆生何。願深念於無常、勿徒貽於後悔。淨樂居士張掄勸緣。

清涼山志卷第三 高僧目錄

第五高僧懿行

食揀沙之飯，披離塵之衣。入那伽定者，髮可被體，爪可圍身。住阿練若者，影不離山，履不蹈俗。無非欲解六情之稠網，出五欲之汙泥，集範人天，紹隆佛種，是故什師頭首，八百高流。大鑑兒孫，千七列祖。罔不夙解塵纓，越愛河而昇彼岸。早祛俗累，炳慧炬以出重冥。他若杭標雲晝，采樂府於靈山。閩懷浙曇，資美談於江表。覽此清涼入傳，蓋同滄海一漚。略紀先正之典型，庸作後來之矜式。志高僧傳

載高僧者，所以彰夫清涼寶山，實陶化聖賢之域。自佛法入中土，凡能出塵體道，以極佛化者，稱高僧。且以一德言之，神通若摩騰，超逸若寶志，心空若達摩，神悟若大鑑，高潔若遠公，淵默若羅什，觀智若天台，窮微若賢首，嚴淨若宣公，至誠若僧會，在是例者，莫能盡舉。或是根熟多劫，或是乘願再來，罔弗體備

萬善克證無生眼目人天舟航生死者而其清涼入傳者特萬分之一耳今之所載凡有二焉或久棲勝地道著清涼或暫入茲山感通大聖參而錄之以冀後之住清涼者見賢而思齊焉

摩騰法蘭傳◎◎漢印度國有摩騰法蘭二菩薩以天眼觀震旦有情有大乘根器者已熟幷觀五臺文殊所居而聖教未至知歸者少遂賫釋迦文佛畫像並四十二章經將東適震旦時漢孝明帝於永平七年正月夜夢金人身高丈餘赫奕如日來詣殿庭旦令占之通人傳毅對曰臣覽周書異記云西方有大聖人出其沒千載教當及此今陛下所夢無乃是乎帝遣王遵等十八人西訪至月氏值騰蘭延而歸漢於永平十年丁卯十二月至洛陽以經像上帝帝披氈觀像果與夢符帝以預夢告滕蘭對曰此如來以大法囑累於陛下也願陛下勉之帝問法王出世何以御不及此對曰大聖應必以時形必以感彼土乃大千世界之中羣靈並集根器先熟他機未感故佛不應譬之池澄而月晈否則晦矣豈月之咎哉雖然教光所及各有遲速

亦隨其宜也。帝問此土豈無聖人居化耶。對曰、此土有五臺山者、乃文殊大士所居、攝化無量天龍鬼神、然非戒定澄神者、莫能覩也。即譯出四十二章經明年春禮清涼山迴、奏帝建伽藍。滕以山形若印度靈鷲山寺依山名也。帝復以始信佛化、乃加大孚、孚即信也。始度僧數十居之。先是此山皆黃冠所居、佛化既至異道無光。於是十四年正月五臺道士白鹿等、與五嶽道士褚善信等、謀奏帝焚經以辨眞僞。眞則作之、僞則逐之。帝許之。十五日帝幸白馬寺。道士立壇設祭、集七十二子書於壇中。滕以佛舍利經像、置於道西。齋訖、道士執香炬繞壇泣曰、臣等上啓太極大道元始天尊衆仙百靈。今胡神亂夏、人主信邪、正道失蹤、玄風墜緒。臣等敢置經壇上、以火取驗、欲使開示蒙心、得辨眞僞。便縱火焚經、經從火化、悉成煨燼。道士失色、欲禁不能。時佛經像、烈火不燒、舍利光明、旋空成蓋。滕蘭踊身虛空、現十八變。爲帝說偈曰、狐非獅子類、燈非日月明、池無巨海納、丘無嵩嶽榮。法雲垂法界、法雨潤羣萠、顯通希有事、處處化羣生。事畢、即旋印度焉。唐太宗文皇帝登焚經臺詩云、門徑蕭蕭長緣苦。一回登此一徘徊。靑牛謾說函關去。白馬親從印度來。確定是非憑烈燄。要分眞僞築高臺。春風也解嫌狼藉。吹盡當年道教灰。

靈辯法師傳◉◉元魏靈辯。未詳氏族。出家於懸甕山。熙平初。頂戴華嚴經。日夜行道於五頂之間。足破血流。曾無少息。如是三載。精勤如初。一夕松下坐。忽爾心光凝湛。見異比丘摩其頂曰。子勤苦且久。當以信心入三摩地矣。自是若夢忽醒。一切文字。觸目冰釋。造論一百卷。以釋華嚴。爲孝明帝所重。請於式乾殿。敷揚奧旨。宰輔重臣。皆北面而聽。後終於清涼。

祥雲大師傳◉◉高齊祥雲。并州周氏子。童年依本州僧統靈詢。披剃。詢欲觀其宿習。開經藏任其探取。乃得涅槃經。讀之不期年。一部成誦。日誦一徧。率以爲常。及聞清涼靈境。負經往遊。觀光五頂。棲止大孚寺。持誦彌勤。一日偶數官服者。光明俊偉。至雲前拜起曰。我方潔吾居。願神足降重。行道七日。以福我家耳。師卽隨行北趣數里。忽雲霧晦冥。俄頃雲開。眼景非常。前入大宅。庭室甚嚴。富麗無並。雲方昇堂就坐。

竊疑而問曰子何人也巨富乃爾答曰我山神也辱師慈駕一至于此所進食饌味非世有行道七夕神以珍奇數品爲贈雲不受神固進之雲曰貧道道業未成所患微命不長不及造修檀越如不棄貽我靈藥得延天年是我願也神曰斯亦可耳取藥一莖狀如童子色白如練奉之雲受卽噉遂獲登仙還經師所陳謝而去

令休大師傳◉◉隋釋令休河南人樂尋聖迹徧歷名山始至臺山志求神悟經行林間値一異僧師叩首曰聖者某嘗聞文殊大士住五臺山我既徧求了無所見僧曰汝安能無所見乎汝蓄有見是以不見汝之無見是亦見耳若果無見斯見文殊且汝舉足時蹋破文殊面門擡手處捉著文殊鼻孔有甚迴避處休曰然則山河草木是文殊乎僧曰若道山河是者則二文殊若云非者則爲妄語於中實無是非二相且汝無始至今在文殊眼睛裏虛生浪死玩水遊山文殊祇在汝眉睫間轉大法輪汝曾不委休聞有省稽首再告曰某柰有痼疾道業無成大德可能療之乎僧曰無心之草名蓸蘴汝當服行服之既久蓸蘴卽汝汝卽蓸蘴是疾可差休徧採林谷

求草不得卽自悟曰非服草也使我空心滅煩惱也且夫我身一瞢瞢也幻相似有其體元空由是了心法脫然無繫矣開皇二十年端坐而逝春秋七十有三

窺基法師傳◉◉唐窺基姓尉遲父敬宗任松州都督伯父卽鄂國公敬德也基童時依玄奘披剃永徽甲寅年方十七帝特旨度基沙彌爲大僧入慈恩寺參譯一切經論過目成誦義亦能解從奘師受瑜伽唯識宗旨法相大乘至基大振著論凡百部時號百本論師天性尙侈每出必載三車經書食饌時呼之曰三車法師南山律師嚴持戒品兢兢細行見基侈態故薄之律師常有天神送饌基訪律師坐時過午天饌不至基去天乃至律師責以後時天曰適大乘菩薩在翊衞甚嚴故無敢入律師聞之大駭悔過永隆中基來遊臺山棲託一載有詔旋京將行有異僧出林止之曰法師報緣殆盡何不就終於此而欲他行基曰吾宿緣在彼異僧曰師善行明年來會基行華嚴寺行者疑問異僧曰彼師何人異僧曰彌勒弟子也異僧入林行者

追之，竟無所見。基至長安，明年永淳改元，臨終謂徒曰，十方刹海，遊戲之場，生死涅槃，等閒戲具，兜率故苑，吾將歸矣，言訖而蛻。世壽五十有一。御製像讚，而傷悼焉。

道宣律師傳◉◉唐道宣，彭祖之後，吏部尙書錢申之子。母夢日輪貫懷而孕。生而好禮，正視聽，肅容儀，其天性也。少事習誦，長叩玄關，講師宗匠，無遠不參，外通百氏，內洞三學。戒香芬布，逆順咸聞。慧炬高懸，幽明俱徹。存護法城，著述無斁。尤攻律藏，窮極幽微，七聚五篇，煥然冰釋。行高三界，道重百靈，感諸天常侍衞焉。纂靈記云，律師嘗遊清涼，至中臺夜方禪寂，有天童子侍于右。師問曰，子何人也。曰，我名玄暢，乃天人也，奉天帝命，巡狩聖境，聞師居此，故來相候。師曰，準華嚴說，此山乃文殊住處，今見丘陵草樹。宛是凡居，聖人境界，果何有耶，天童答曰，大聖境界，固非凡夫二乘可得而知，我凡夫也，師二乘也，若以有思惟心，求不思議境，則殆矣。師豈不聞一法無異，三人殊見者乎。蓋隨其各具業報之眼，有殊而所見亦異。若某所見清涼山，碧琉璃色，諸臺麓間，皆雜寶林，光明煥發，日夜無間。而菩薩住處，非我所及也，言訖而隱。乾封二年冬，律師入滅於長安西明。穆宗製讚曰，代有覺人，為如來使。龍魔歸依，獄神奉侍。聲飛五天，辭驚萬古。金烏西沈，佛日東舉。稽首歸依，肇律宗主。

清涼國師傳◉◉唐清涼國師，諱澄觀，字大休，會稽人，姓夏侯氏，生於玄宗開元戊寅。身長九尺四寸，垂手過膝，口四十齒，目光夜發，晝乃不眴。天寶七年，出家。肅宗二年，受具。是年奉詔入內，勅譯華嚴。初受具時，卽以十事自勵。曰，體不捐沙門之表，心不違如來之制，坐不背法界之經，性不染情礙之境，足不履尼寺之塵，脅不觸居士之榻，目不視非儀之綵，舌不味過午之餚，手不釋圓明之珠，宿不離衣鉢之側。從牛頭忠，徑山欽，問西來宗旨。遙稟於賢首國師華嚴圓旨。代宗大曆三年，詔入內，與大辯正三藏譯經，為潤文大德。既而辭入五臺大華嚴寺，覃思華嚴。以三地聖人，棲身佛境，心體真如，猶於後得智，起世俗心，學世間解。由是博覽六藝圖史，九流異學，華夏訓詁，竺經梵字，及四圍五明，聖教世典等書，靡不該洽。德宗建中四年，下筆著疏，先求瑞應。一夕夢金容當陽，山峙光相顒顒，因以手捧咽，面門既覺而喜，以謂獲光明徧照之徵。自是筆無停思，乃以信解行證，分華嚴爲四科，理無不包。觀每慨舊疏，未盡經旨，唯賢首國師頗涉淵源，遂宗承之，製疏凡歷四年而文成。又夢身爲龍，矯首南臺，尾蟠北臺，宛轉陵虛，鱗鬣曜日，須臾變百千數，蜿蜒青冥，分散四方而去。識者以爲流通之象。初爲衆開講，感景雲凝空，盤旋成蓋，久而不散。又爲僧叡等，著隨疏演義四十卷，隨文手鏡一百卷。貞元十二年，上遣河東節度使禮部尚書李詵備禮迎觀入京。特旨同罽賓般若三藏，翻譯烏茶國所進華嚴後分梵夾。帝親預譯場，一日不至，即差僧寂光依僧欲云，皇帝國事因緣，如法僧事，與欲清淨。觀承睿旨，翻宣既就。進之。帝命開示華嚴宗旨。羣臣大集。觀陞高座曰，我皇御宇，德合乾坤，光宅萬方，重譯來貢。東風入律，西天輸越海之誠。南印御書，北闕獻朝宗之敬，特回明詔，再譯真詮。光闡大猷，增輝新理。澄觀顧多天幸，欽屬盛明。奉詔譯場，承旨幽贊。抃躍兢惕，三復竭愚。露滴天池，喜合百川之味。塵培華嶽，無增萬仞之高。極虛空之可度，體無邊涯，大也。竭滄溟而可飲，法門無盡，方也。碎塵剎而可數，用無能測，廣也。離覺所覺·明萬法之幽邃·佛也。芬敷萬行·榮耀衆德·華也。圓茲行德·飾彼十身·嚴也。貫攝玄微·以成眞光之彩·經也。總斯七字·爲一部之宏綱·則無盡法門·思過半矣。將契本性·非行莫階·故演普賢行海。行起解絕·智證圓明矣。帝大悅·賜觀紫方袍·號教授和尚。其後相國齊抗·請撰華嚴綱要三卷。相國李吉甫·請述正要一卷。又爲南康王韋皐·著法界觀玄鏡一卷。僕射高崇文·請著鏡燈說文一卷。司徒嚴綬·請撰三聖圓融觀一卷。節度使薛華·拾遺白居易·請製七處九會華藏世界圖心鏡說文十卷。又與僧錄靈邃等·十八首座·三學上流·製華嚴·圓覺·四分·中觀·等經律論關脈三十餘部。皆古錦純金·隨器任用耳。十五年·受鎭國大師號。四月帝誕節·勅有司備儀輦·迎教授和尚澄觀入內殿·闡揚華嚴宗旨。觀陞座·曰大哉眞界·萬法資始。包空有而絕相·入言象而無迹。妙有得之而不有·眞空得之而不空。生滅得之而眞常·緣起得之而交映。我佛得之·妙踐眞覺·廓淨塵習。寂寥於萬化之域·動用於一虛之中。融身剎以相含·流聲光而遐燭。我皇得之·靈鑑虛極·保合太和。聖文掩於百王·淳風扇於萬國。

敷玄化以覺夢、垂天眞以性情。是知不有太虛、曷展無涯之照。不有眞界、豈淨等空之心。華嚴教者、即窮斯旨趣、盡其源流。故恢廓宏遠、包納冲邃、不可得而思議矣。指其源也、情塵有經、智海無外。妄惑非取、重玄不空。四句之火莫焚、萬法之門皆入。冥二際而不一、動千變而非多。事理交涉而兩忘、性相融通而無盡。若秦鏡之互照、猶帝珠之相含。重重交光、歷歷齊現。故得圓至功於頃刻、見佛境於塵毛。諸佛心內衆生、新新作佛。衆生心中諸佛、念念證眞。一字法門、海墨書而不盡。一毫之善、空界盡而無窮。語其定也、冥一如於無心、即萬動而常寂。海湛眞智、光含性空。星羅法身、影落心水。圓音非叩而長演、果海離念而心傳。萬行忘照而齊修、漸頓無礙而雙入。雖四心被廣、八難頓超。而一極唱高、二乘絕聽。當其器也、百城詢友、一道棲神。明正爲南方盡南矣。益我爲友、人皆友焉。遇三毒而三德圓、入一塵而一心淨。千化不變其慮、萬境順通於道。契文殊之妙智、宛是初心、入普賢之玄門、曾無別體。失其旨也、徒修因於曠劫。得其門也、等諸佛在一朝。諦觀一塵、法界在掌。理深智遠、識昧辭單。塵黷聖聰・退座而已。帝時默湛海印・朗然大覺・顧謂羣臣曰・朕之師・言雅而簡・辭典而富。扇眞風於第一義天・能以聖法清涼朕心・乃以清涼賜爲國師之號・朕思從來・執身心我人・及諸法定相・斯爲甚倒。羣臣拜賀・頂奉明命。於是中外台輔重臣・咸受益戒。一日帝問師曰・華嚴所詮・何謂法界。師曰・法界者・一切衆生身心之本體也。從本已來・靈明廓徹・廣大虛寂・唯一眞境而已。無有形貌・而森羅大千。無有邊際・而含容萬有。昭昭於心目之間・而相不可覩。晃晃於色塵之內・而理不可分。非徹法之慧目・離念之明智・不能見自心如此之靈通也。故世尊初成正覺・歎曰・奇哉・我今普見一切衆生・具有如來智慧德相。但以妄想執著・而不能證得。於是稱法界性・說華嚴經・總該萬有・卽是一心。無礙融通・故名法界。帝天縱聖明・一聽玄談・廓然自得。於是勅有司・鑄印・遷國師統冠天下緇徒・號僧統清涼國師。開成三年三月六日・師將示寂・謂其徒海岸等曰・吾聞偶運無功・先聖悼歎・復質無行・古人耻之。無昭穆動靜・無綸緒往復。勿穿鑿異端・勿順非辨僞。勿迷陷邪心・勿固牢鬭諍。大明不能破長夜之昏・

慈母不能保身後之子。當取信於佛。無取信於人。眞離玄微。非言說所顯。要以深心體解朗然現前。對境無心。逢緣不動。則不孤我矣。言訖而逝。師生歷九朝。爲七帝門師。九朝者。唐玄宗。肅宗。代宗。德宗。順宗。憲宗。穆宗。敬宗。文宗。七帝者。即代宗以下。春秋一百有二。僧臘八十有三。是爲華嚴六祖。文宗深沐法澤。崇仰慟悼。特輟朝三日。重臣縞素。奉全身塔於梵川華嚴寺。梵今訛作樊未幾。有梵僧到闕。表稱於葱嶺見二使者陵空而過。以呪止而問之。答曰。北印度文殊堂神也。東取華嚴菩薩大牙。歸國供養。有旨啓塔。果失一牙。唯三十九存焉。遂閣維。舍利光明瑩潤。舌如紅蓮色。仍謚號清涼國師妙覺之塔。相國裴休奉勅撰碑。其銘曰。寶月清涼。寂照法界。以沙門相。藏世間解。澄湛含虛。氣清鍾鼎。雪沃剡溪。霞橫緱嶺。眞室寥敻。靈嶽崔嵬。盧融天地。峻拔風雷。離微休命。實際龐鴻。奉若時政。革彼幽蒙。炯乎禹質。元聖孕靈。德雲冉冉。凝眸幻形。谷響入耳。性不可爲。青蓮出水。深不可闚。才受尸羅。奉持止作。原始要終。克諧適莫。鳳藻珍奇。遺演祕密。染翰風生。供盈二筆。欲造玄關。咽金一像。逮竟將流。龍飛遷颺。疏新五頂。光銜二京。躍出法界。

功齊百城。萬行分披。華開古錦。啓迪羣氓。與甘露飲。㸑讚金偈。懷生保乂。聖主師資。聿興遐裔。貝葉翻宣。譯場獨步。譚柄一揮。幾回天顧。王庭闡法。傾河涌泉。屬辭縱辯。玄玄玄玄。紫衲命衣。清涼國號。不有吾師。孰知吾道。九州傳命。然無盡燈。一人拜錫。統天下僧。帝網沖融。潛通萬戶。歷天不周。同時顯晤。卷舒自在。來往無蹤。大士知見。允執厥中。西域供牙。梵倫遽至。奏啓石驗。嘉風益熾。勅俾圖眞。相卽無相。海印大龍。蟠居方丈。哲人去矣。資何所參。卽事之理。塔鎖終南。文宗御讚曰。朕觀法界。曠閴無垠。應緣成事。允用虛根。清涼國師。體像啓門。奄有法界。我祖聿尊。教融海嶽。恩廓乾坤。首相二疏。拔擢幽昏。閒氣斯來。拱承佛日。四海光凝。九州慶溢。斂金仙門。奪古賢席。大手名曹。橫經請益。仍師巨休。保余遐曆。爰抒顓毫。式揚茂實。眞空罔盡。機就而駕。白月虛秋。清風適夏。妙有不遷。緣息而化。邈爾禹儀。煥乎精舍。

豐干禪師傳◉◉唐豐干。不知何許人。居天台山國清寺。翦髮齊眉。布衣裘人。或問佛理。止答隨時二字。嘗誦唱道歌。乘虎入松門。衆僧驚畏。本寺廚中。有苦行。曰寒山。

拾得二人執爨終日晤語潛聽者都不解時謂風狂子獨與師相親一日寒山問古鏡不磨如何照燭師曰冰壺無影像猿猴探水月曰此是不照燭也更請師道師曰萬德不將來敎我道什麼一日師謂寒山拾得曰若與我遊五臺卽我同流若不與我去非我同流曰我不去師曰汝不是我同流寒山卻問汝去五臺作甚麼師曰我去禮文殊曰汝不是我同流師尋獨入五臺巡禮逢一老翁師問莫是文殊否曰豈有二文殊耶師作禮未起忽然不見遂遊五頂徧歷巖阿將三載還南適閭丘胤出牧丹丘將議巾車忽患頭疼醫莫能瘉師造之曰貧道特來謁使君閭丘卽告之病師乃索淨器呪水噴之病斯須差閭丘異之乞一言示此去安危之兆師曰到任記謁文殊普賢曰此二大士何在師曰天台國清寺寒山拾得是也閭丘自後尋至山寺問寺主豐干住處主僧道翹曰豐干舊居在經藏後今闃無人矣復問寒山拾得今在何所翹曰廚中執役閭丘入豐干房唯見虎迹復問豐干在此作何行業翹曰唯事舂穀供僧閒則諷詠閭丘遂入廚見寒山拾得圍鑪語笑閭丘卽禮拜二人連

聲咄叱。寺僧驚愕曰·大官何拜風狂漢耶。寒山復執閭丘手·笑而言曰·豐干饒舌。自是寒山拾得相攜出松門·更不復入寺。師示寂於天台山。

巨方禪師傳◉◉唐巨方安陸曹氏子·幼從明福朗公薙度·徧探經論。後參荷澤·及造北宗秀。問曰·子何來。答曰·清涼山。問曰·如何是清涼境·答曰·白雲覆古頂·又問·白雲散處如何。答曰·不昧。又問·如何是境中人。答曰·一衲臥千峯·不知天地老。又問·此後如何。答曰·一枝橫出五葉芬芳。秀默許之。遊化上黨·座盈千衆。後於五臺闡化·二十年而終焉。

祕魔和尙傳◉◉唐祕魔和尙·不知何處人·得馬祖之道·居五臺祕魔巖。常持一木叉·每見僧來禮拜·卽叉卻頸曰·那箇魔魅敎汝出家·那箇魔魅敎汝行腳。道得也叉下死·道不得也叉下死·速道速道。學人鮮有對者。霍山通禪師來訪·纔見不禮拜·便竄入懷裏。師拊通背三下。通起拍手曰·師三千里外賺我來·三千里外賺我來。言已便回。師以大法爲務·與世漠然·後終於巖下。

隱峯禪師傳◉◉唐隱峯·福建邵武人·姓鄧氏。幼若不慧·父母聽其出家。初遊馬祖門·而未窺其奧·復來往石頭。雖兩番不捷·（語見馬祖章）而後於馬大師言下契悟。師在石頭時·問云·如何得合道去。頭云·我亦不合道。師云·畢竟如何。頭云·汝被這些多少時來了。師不對。一日石頭剗草次·師在左側·叉手而立。頭以飛剗子·向師面前·剗一莖草。師云·和尚只剗得這箇·剗不得那箇。頭卽提起剗子。師接剗子·乃作剗勢。頭云·汝只剗得那箇·不解剗得這箇。師無對。師一日推土車·馬大師展腳路坐。師云·請師收足。大師云·已展不縮。師云·既進不退。乃推車碾過大師腳損。大師歸法堂·執斧子云·適來碾損老僧腳底出來。師便出·於大師前引頸。大師乃置斧。師到南泉·衆僧參次·泉指淨瓶云·銅瓶是境·瓶中有水·不得動著境·與老僧將水來。師便拈淨瓶·向南泉面前瀉。南泉便休。師後到溈山·於上座頭·解放衣鉢。溈山聞師叔到·先具威儀入堂。師見山來·便作睡勢。溈山卽歸方丈。師乃發去。少閒·溈山問侍者·師叔在否。曰·去也。山云·去時有何言句。曰·無。山云·莫道言無·其聲如雷。師以冬居衡嶽·夏住清涼·唐元和中、薦登五臺、路出淮西、屬吳元濟阻兵違拒王命、官軍與賊交鋒、未決勝負。師曰、吾當去解其患、乃擲錫空中、飛身而過。兩軍將士仰觀、事符預夢、鬬心頓息。師既顯神異、慮成惑衆、遂入五臺金剛窟前、將示寂時、先問衆云、嘗見諸方坐臥遷化、還有立化者無。衆云有。師云、倒化者有否。衆云未有。師乃倒立、亭然而化、衣裳順體。時衆議舁就茶毗、屹然不動。遠近瞻觀、驚歎無已。師有妹爲尼、時在山、乃撫而咄曰、老兄疇昔不循法律、死更熒惑於人。於是以手推之、僨然而踣。遂就闍維、收舍利、塔於北臺之頂。

智通禪師傳◉◉唐智通、初在歸宗會下、忽一夜連叫曰、我大悟也、衆駭之。宗明日上堂示衆曰、昨夜大悟底僧出來。師曰、某甲。宗曰、汝見甚麼道理、便言大悟、且試道看。師曰、師姑元是女人作。宗異之。師便辭去、宗送與笠子。師接戴頭上、拂袖便行、更不回顧。後居臺山法華寺、臨終有偈云、舉手攀南斗、回身倚北辰、出頭天外看、誰是箇中人。

仰山和尚傳◉◉唐仰山和尚一日遊五臺迴僧問和尚近日何往山曰五臺曰見文殊否曰見又問文殊向和尚道甚麼山曰文殊道你生身父母在深草裏

法空大師傳◉◉唐法空隋末任雁門鷹擊郎將年四十以隋室荒淫即生厭離乃棄冠劍妻子獨詣清涼構茅深谷草根木葉以爲其食嘗誦華嚴唯心作佛之偈無所參叩時賊寇交起府司追繫復歸至禁所正念趺坐不語不食不瞬不息幾兩月守令以下莫不驚愕因而放之任其所往空至山居一隱三十餘載禽獸忘形人事絕交後有異僧授般若玄旨豁爾心空臨終謂衆曰自被拘獄之後天機不動自遇我師爍破虛空了也言訖而逝

光嶼和尚傳◉◉唐光嶼金城韓氏子幼業儒有青雲之志嘗夢神人曰若意干仕祿若志鄙哉若必求道莫若如者也嶼曰我將何之而可曰五臺山者聖賢所棲汝與斯地且有宿緣宜速歸之即往清涼眞容院出家因讀淨名至依義不依語遂求講學稽諸大乘唯華嚴圓極即終身奉持波濤於無盡義海游泳於法界重玄後還

臺山頂戴華嚴、五峯行道。顯德七年冬、示疾、謂諸子曰、猶龍者、厭乎大患、如鳳者、悲於逝川。諸行無常、是生滅法。門人問、四大百骸、既屬生滅、如何是不生滅法。師曰、四大百骸。言訖而化。世壽六十、僧臘四十六、燒得舍利甚多。

金光照師傳◉◉唐金光照、澠池李氏子。年十三、依寶雲靈粲師披剃。十九、入洪陽山、事迦葉和尚、服勤三載、衣不解帶、寢不就席、負舂植刈、罔不克勤。一日問葉、如何是出家當爲底事。葉曰、無爲是當爲底事。曰、無爲何用爲乎。葉曰、汝若不爲、焉至無爲。又問、欲爲無爲、作麼生爲。葉曰、豈不見圓覺經云、居一切時、不起妄念、於諸妄心亦不息滅、住妄想境、不加了知、於無了知、不辨眞實、斯爲無爲之方也。又問、爲與無爲、一耶異乎。葉曰、諸有智者、以譬得明、如金作器、就金求之、未嘗有器、就器觀之、器相宛然。金常非器、然離金外、無器可得。金喩無爲、器喩有爲。且金之與器、一耶異乎。是以經云、於有爲界、示無爲法、而不壞滅有爲之相、於無爲界、示有爲法、而不分別無爲之性。故道常無爲而無不爲。佛常無應而無不應。雖恆沙異名、終會一實。感應權殊・隱顯同體。照既聞師法・遂有没齒山林之志。聞清涼勝境・忻然而歸。適西北戎馬生郊。道路艱阻。師復入姑射山事超禪師。接以微言・豁然啓悟。乃知三界一心・了無別法。大曆二年・方達五臺。宿菩薩頂。夜方禪寂・見金色光自北臺飛下。金色蓮華・於中涌現・諸化佛身坐蓮華上。其金色光流灌照頂。化佛舒臂摩照頂曰・善哉男子・汝今善入金剛三昧・汝從今去・名金光照。當以般若之水・滌濯其心・無以玄途而生窠臼。照卽問曰・諸佛之身是有爲耶・無爲乎。爲有生耶・無生乎。化佛曰・善男子・諸佛之身離諸言說・永絕心路。如大火聚・中不容他。如是分別・盡屬戲論。言已而隱。自此定起四威儀中常住三昧。壽七十有二而終焉。

業方大師傳◉◉唐業方解脫和尚法孫。身長七尺五寸・貌古神奇。垂手過膝・目有重瞳・精勤白業・日夜無忘。方一日於中臺入定・是日有人見在代州持鉢行乞。太原信士數人・造文殊像送山。滹沱泛漲・因不能度。方振錫前行・水爲斷流。衆人隨過。水復湍激。大曆元年・於祕魔巖畔・翹足而化。州宰建塔藏之。塔方成・一夕火光亘天。明日視之、但見塔內燒痕、了無一物、灰燼亦無、異香數日乃已。

志遠法師傳◉◉唐志遠、汝南宗氏子。幼孤、事母以孝聞。母能誦法華經、遠從母聞、亦自能誦、母爲議婚、遠固止曰、某他時、別有事在、願勿以世網繫兒。遂止。年二十八、母故。既葬、卽投高德出家、事師尤謹。衆中有難行苦行、以身先之。後參南北二宗、兼綜經論。及聞臺山聖地、有志歸焉。遂結侶同遊、棲華嚴小院、大弘天台宗旨。會昌四年、告門人曰、吾平生無他善行、但心口不相欺耳、因得二種現報、睡安覺安。而今衰窮、覓箇夢想心了不可得。言訖而逝。所著法華疏、止觀釋義、並行於世。壽七十七、僧臘四十八。

無名和尙傳◉◉唐無名、渤海人、高力士之後。幼年慕道、落髮臺山。志克上乘、精求悟理。心淵湛寂、出語成文。貪瞋不擾其神、喜怒不形於面。沖淡自居、名利灰冷。孜孜禪道、如救頭然。年雖垂老、其志彌堅。貞元二年、沐浴更衣、禮三寶畢、示誨寺衆、跏趺而逝。其徒埋龕塚上、每有神光夜發、民以爲金寶所藏、啓之乃龕。其徒闍維、身骨棱屑・鉤鎖而住・瑩潤如玉。準涅槃經・十地菩薩・身骨鉤鎖也。

智頵大師傳◉◉唐智頵・中山人・未詳姓氏。依五臺善住院賢林披剃・戒珠圓潔・性天虛朗・衣鉢之外一無所畜。愛老如親・視病如己。久參大通之禪・兼閑教旨。其才有餘・其德不形。斂迹靈峯・雅不事物。志雖韜晦・囊錐穎脫。元和中・衆請典僧事・俛仰而從。由是清規肅肅・玄綱大振・遠近依歸。適觀國師大疏成・衆請頵講・猶國師無恙。由是義學星馳・檀施雲委。院僧圓義・亦諸僧之巨擘・以頵久典常住・意其有私・乃構流言・謗頵心非平等・志負貪婪。修德競時・豈宜若是。頵聞之・不辯・退休而已。是夜有神叱義曰・頵和尚・乃千佛之一也・爾敢輕言若是。可速求懺・免沈惡趣。義卽大怖・至旦・詣頵禮懺所懲・義感眉鬚墮落。頵辭衆曰・夢幻空花・愚夫自保・圓明獨脫・誰與纏縛・曾不反照・翻恨輪迴・逐妄長迷・是誰之咎。遂入靜室・一坐三日而化。春秋七十七・僧臘五十八。

取性道者傳◉◉唐取性道者・未詳其鄉里氏族・出家於五臺福聖院。外相粗鄙・內行莫測。衣敝衲・食衆殘。無得失之心・絕是非之念。舉世謗而不怒・舉世譽而不喜・雖衆妓舞前・中無所動・千難加之・淡然自若・德無所形・人欽若聖・囂囂自得。而輸誠施物者・惟恐不受。嘗有偈曰・幽哉幽哉・曼殊五臺。百花春至。元爲誰開。每見僧則曰取性取性・勿助勿正・和爾思量・共爾做夢。每入山・卽操刀・見蛇卽斬・唯云取性取性。卻戒弟子勿殺。弟子難之。師咄曰・老僧取性・何曾斬蛇。後莫知其終。

必救都綱傳◉◉唐必救・未詳氏族・住王子燒身寺・曾掌僧務・爲都綱。道行超邈・神鬼欽畏。古之淸涼府・卽今五臺縣。邑宰王有相・夏夜獨坐於公廨之下・忽見二使狀類殊人・至前曰・大帝遣余追爾赴對。有相大駭・起謂使曰・死者古今常然・余不懼也。但老親在堂・唯憑薄祿奉養・無人可託・若待百年・我死無憾・貽君千金・可奏大帝寬宥得否。使者曰・大帝嚴命・某未敢擅奏。臺山必救長老・帝所畏事・公可求之・必能爲矣。有相夜趨救居・啓扉叩室・救方禪寂・有相拜曰・某邑宰也・帝使追之・老親無養・求師解之。救曰・公能皈依三寶否。能行十善否。相曰・唯命是聽。救令趨避・默念閻老閻老遺使至、長跪報救曰、大帝奉師慈力、益彼十年之壽。彼念老親、歸命三寶、信行十善、更當彌福耳。是年更加祿位、過十二年乃卒。

趙州禪師傳◎◎唐趙州觀音院從諗禪師、曹州郝鄉人、姓郝氏。童稚於本州扈通院、從師披剃。未納戒、便抵池陽、參南泉。泉偃息而問曰、近離什麼處。師曰、近離瑞像。曰、還見立像麼。師曰、不見立瑞像、只見臥如來。曰、汝是有主沙彌、無主沙彌。師曰、有主沙彌。曰、主在什麼處。師曰、仲冬嚴寒、伏惟和尚尊體萬福。泉器之而許入室。異日問泉、如何是道。泉曰、平常心是道。師曰、還可趣向否。泉曰、擬向卽乖。師曰、不擬時、如何知是道。泉曰、道不屬知不知。知是妄覺、不知是無記。若是眞達不疑之道、猶如太虛、廓然虛豁、豈可强是非耶。師言下悟理、乃往嵩嶽瑠璃壇納戒、卻返南泉。異日問南泉、知有底人向什麼處休歇。泉曰、山下作牛去。師曰、謝指示。泉曰、昨夜三更月到窗。師作火頭、一日閉卻門、燒滿屋烟、叫云救火救火。時大衆俱到。師云、道得卽開門。衆皆無對。泉將鎖於窗間過與師、師便開門。又到黃檗、黃檗見來、便閉方丈門。師乃把火於法堂內叫云，救火救火。黃檗開門，捉住云，道道。師云，賊過後張弓。又到寶壽，寶壽見來，即於禪牀上背面坐。師展坐具禮拜。寶壽下禪牀，師便出。又到鹽官，云看箭。鹽官云，過也。師云，中也。又到夾山，將拄杖入法堂。夾山云，作麼。師曰，沁水。山曰，一滴也無，沁什麼。師倚杖而出。師九遊五臺，每遊必經夏而返。一日將遊，有僧作偈留云，何處靑山不道場，何須策杖禮淸涼。雲中縱有金毛現，正眼觀時非吉祥。師曰，作麼生是正眼。僧無對。師自此道化被於北地。衆請住趙州觀音院，上堂示衆云，如明珠在掌，胡來胡現，漢來漢現。老僧把一枝草，爲丈六金身用，把丈六金身，爲一枝草用。佛是煩惱，煩惱是佛。時有僧問，未審佛是誰家煩惱。師云，是一切人煩惱。僧云，如何免得。師云，用免作麼。師掃地，有人問云，和尚是善知識，爲什麼有塵。師曰，外來。又僧問，淸淨伽藍，爲什麼有塵。師曰，又一點也。又有人與師遊園，見兔子驚走，問云，和尚是大善知識，爲什麼兔子見驚。師云，爲老僧好殺。僧問，覺華未發時，如何辨眞實。師云，開也。僧云，是眞是實。師云，眞是實，實是眞。僧云，什麼人分上事。師云，老僧有分闍黎有分。僧云·某甲不招納時·如何。師佯不聞。僧無語。師云·去。師院有石幢子·被風吹折。僧問·陀羅尼幢子·作凡去·作聖去。師云·也不作凡·亦不作聖。僧云·畢竟作什麼。師云·落地去也。師問一座主·講什麼經。云·講涅槃經。師云·問一段義得否。云·得。師以脚踢空·吹一吹·云·是什麼義。座主云·經中無此義。師云·五百力士揭石義·便道無。大衆晚參。師云·今夜答話去也·有解問者出來。時有一僧便出禮拜。師云·比來抛塼引玉·卻引得箇墼子。有僧遊五臺·問一婆子云·臺山路向什麼處去。婆子云·驀直去。僧便去。婆子云·又恁麼去也。其僧舉似師。師云·待我去勘破這婆子。師至明日便去問·臺山路向什麼處去。婆子云·驀直去。師便去。婆子云·又恁麼去也。師歸院·謂僧云·我爲汝勘破這婆子了也。僧問·恁麼來底人·師接否。師云·接。僧云·不恁麼來底·師還接否。師云·接。僧云·恁麼來者從師接·不恁麼來者·如何接。師云·止止·不須說·我法妙難思。僧問·如何是囊中寶。師云·合取口。有新到·僧謂師曰·某甲從長安來·横擔一條拄杖·不曾撥著一人。師云·自是大德拄杖短。僧無對。師敲火·問僧云·老僧喚作火·汝喚作什麼。僧無語。師云・不識玄旨・徒勞念靜。新到僧參・師問・什麼處來。僧云・南方來。師云・佛法盡在南方・汝來這裏作什麼。僧云・佛法豈有南北耶。師云・饒汝從雪峯雲居來・只是箇擔板漢。僧問・如何是佛。師云・殿裏底。僧云・殿裏者豈不是泥龕塑像。師云・是。僧云・如何是佛。師云・殿裏底。僧問・如何是學人自己。師云・喫粥了也未。僧云・喫粥也。師云・洗鉢去。其僧忽然省悟。師上堂云・纔有是非・紛然失心・還有答話分也無。樂普在衆叩齒。雲居云・何必。師云・今日大有人喪身失命。有僧云・請和尚舉。師便舉前語。僧指傍僧云・這僧作恁麼語話。師乃休。僧問・久嚮趙州石橋・到來只見掠彴。師云・汝只見掠彴・不見趙州橋。僧云・如何是趙州橋。師云・過來過來。又有僧同前問・師亦如前答。僧云・如何是趙州橋。師云・度驢度馬。僧云・如何是掠彴。師云・箇箇度人。師聞沙彌喝參・向侍者云・敎伊去。侍者乃敎去。沙彌便珍重去。師云・沙彌得入門・侍者在門外。師問新到・僧什麼處來。僧云・從南來。師云・還知有趙州關否。僧云・須知有不涉關者。師云・這販私鹽漢。僧問・如何是西來意。師下禪牀立。僧云・莫道這箇便是否。師云。老僧未有語在。師問菜頭。今日喫生菜熟菜。菜頭拈起呈之。師云。知恩者少。負恩者多。僧問。空劫中還有人修行也無。師云。汝喚什麼作空劫。僧云。無一物是。師云。這箇始稱得修行。喚什麼作空劫。僧無語。僧問。如何是玄中玄。師云。汝玄來多少時耶。僧云。玄之久矣。師云。闍黎若不遇老僧。幾被玄殺。僧問。萬法歸一。一歸何所。師云。老僧在青州作得一領布衫重七斤。僧問。夜生兜率。晝降閻浮。於其中間。摩尼爲什麼不現。師云。道什麼。其僧再問。師云。毗婆尸佛早留心。直至如今不得妙。師問院主。什麼處來。曰。送生來。師云。鴉子爲什麼飛去。院主云。怕某甲。師云。是什麼語話。院主卻問。鴉子爲什麼卻飛去。師代云。爲某甲有殺心在。師托起鉢云。三十年後。若見老僧留取供養。若不見。卽撲破。一僧出云。三十年後。敢道見和尚。師乃撲破。有僧辭。師問。什麼處去。僧云。雪峯去。師云。雪峯忽若問汝云。和尚有何言句。汝作麼生祗對。僧云。某甲道不得。請和尚道。師云。冬卽言寒。夏卽道熱。又云。雪峯更問汝。畢竟事作麼生。其僧又云。道不得。師云。但道親從趙州來。不是傳語人。其僧到雪峯。一依前語舉似雪峯。雪峯云，也須是趙州始得。玄沙聞云，大小趙州，敗闕也不知。僧問，如何是趙州一句。師云，老僧半句也無。僧云，豈無和尚在。師云，老僧不是一句。僧問，如何是出家。師云，不履高名，不求苟得。僧問，澄澄絕點時如何。師云，這裏不著客作漢。僧問，如何是祖師意。師乃敲牀腳。僧云，只這莫便是否。師云，是卽脫取去。僧問，如何是毗盧圓相。師云，老僧自幼出家，不曾眼花。僧云，豈不爲人。師云，願汝常見毗盧圓相。問，和尚還入地獄否。師云，老僧末上入。曰，大善知識，爲什麼入地獄。師云，若不入，阿誰教化汝。一日眞定帥王公，攜諸子入院，師坐而問曰，大王會麼。王曰，不會。師云，自小持齋身已老，見人無力下禪牀。王公尤加禮重。翌日令軍將傳語，師下禪牀受之。少閒，侍者問，和尚見大王來不下禪牀，今日軍將來，爲什麼卻下禪牀。師云，非汝所知，第一等人來，禪牀上接，中等人來，下禪牀接，末等人來，三門外接。師寄拂子與王公曰，若問何處得來，便道老僧平生用不盡者。師之玄言，布於天下，時謂趙州門風，皆悚然信伏矣。唐乾寧四年仲冬二日，右脅而寂，壽一百二十，謚號眞際大師。

孚上座傳◉◉唐太原孚上座、久住清涼、徧歷諸方名聞宇宙。遊浙中、登徑山法會。一日於大佛殿前有僧問上座住五臺久麼。師曰久矣。曰還見文殊麼。師曰見。曰什麼處見。師曰徑山佛殿前見。其僧後適閩川、舉似雪峯。峯曰何不教伊入嶺來。師聞乃促裝而邁。初上雪峯廨院、憩錫。因分柑子與僧。時長慶問什麼處將來。師曰嶺外。曰遠涉不易、擔負得來。師曰柑子柑子。師參見雪峯、禮拜訖、立於座右。雪峯纔顧視。師便下看主事。異日峯見師、便指日示之。師搖手。峯曰汝不肯我。師曰和尚搖頭、某甲擺尾、什麼不肯和尚。曰到處也須諱卻。一日衆僧晚參、峯在中庭臥。師曰五州內只有和尚較些子。峯便起去。峯問師曰見說臨濟有三句、是否。師曰是。曰作麼生是第一句。師舉目視之。峯曰此猶是第二句、如何是第一句。師叉手而退。峯深契之。室中印可。師三年不他遊、而掌浴室焉。一日玄沙與峯相見、峯曰此間有箇老鼠子、今在浴室裏。玄沙曰待與和尚勘破。言訖、到浴室、遇師打水。沙曰相見上座。師曰已見了也。沙曰什麼劫中見。師曰瞌睡作麼。玄沙卻入方丈、謂峯曰已勘破了。峯曰作麼生勘伊。沙舉前語。峯曰。汝著賊也。鼓山宴和尚問師。父母未生前。鼻孔在什麼處。師曰。老兄先道。宴曰。如今生也。汝道在什麼處。師不肯。宴曰。作麼生。是師曰。將手中扇子來。宴與扇子。再徵之。師默然。宴罔測。乃毆之一拳。師在庫前立。有僧問。如何是觸目菩提。師踢狗子作聲走。僧無對。師曰。小狗子不消一踢。師藏修五臺二十餘年。竟不出世。諸方目爲太原孚上座。

降龍大師傳◉◉唐誠慧。靈丘李氏子。其親無嗣。禱於臺山者三返。後感娠。既生。特秀不凡。及長。不願婚娶。辭親詣五臺眞容院。從法順和尚披剃。心澄秋月。行潔冰霜。向道之心。食息靡閒。東臺東百里有毒龍池。龍常害物。四十里內。人畜不入。師攜淨缾錫杖。廬其側。一夕暴風怒雷。自池而出。師呪之。龍卽入缾。風雷皆寢。師繞缾誦大乘經呪。居七日。龍革毒心。白光洞室。師乃釋之。乘風雲而去。師嘗誦華嚴於李牛谷。木葉草根爲常食。每誦經時。或五七儒服者坐聽。每持異花鮮果而獻。師怪問之。答曰。某山神也。蒙師法力。無以爲報。願充執侍焉。師心不樂。遂捨其處。所至不月卽成叢林。莊宗同光元年、帝聞師高行、製書幷紫衣賜之。書云、師鷲嶺名流、雞園上哲。精持護鵝之戒、弘宣住雁之談。潛括三乘、深明四諦。忍草長新於性苑、覺花不染於情塵。高蹈靈峯、棲心勝境。泛慈舟而拯溺、持慧炬以照迷。五百龍王皆降懿德、十千聖衆盡繼玄蹤。爲萬姓之甘霖、作空門之標格。朕方興景運、大闡眞風。直旌精行之名、以奉無爲之教。崇號廣法大師、兼賜紫衣、師固辭不受。續降勅、勸其略曰、爰遣內臣、遠班成命、師號旣旌於道行、紫衣無爽於受持。久屬當人、匪宜多讓。同光元年、囑門人已、吉祥而逝。世壽八十、諡曰法雨大師、塔號慈雲。（此五代後唐莊宗同光元年也。）

三大師傳◉◉唐道忍、道超、道信、三人俱南陽人、同發誓約、求生兜率。忍以弘法利人爲行。而信獨精進、居終南、禮誦無閒。日中一食、衣唯粗敝、行林清苦、罔不克爲。道超稟性敦朴、喜怒自平、逆順常一、別無行業。棲託五臺三十年、迹不出山。一日假寐、見草衣童子顧超曰、三子之功、爾其先也、兜率在近、子曷昧耶。超曰、某平生雖有志願、且無奇行、安在其先耶。答曰、以子久居清涼、道懷虛曠、無所執著、故冠於二子。超曰，以二子之行，勤篤精至，必能生乎。答曰，二子皆相繼而生，但品位在次耳。及寤，超卽盥沐禮佛，更延三日而終，塔於鷲峯之北。周歲，忍信二人聞風而至，於超塔前燒香散花，哀哭戀慕。至夕，忽見超立於空際，天衣飄然，望之含笑，以水沃二子身。明日忍坐脫於華嚴寺。及半載，信方入滅，異香盈室，白氣貫天。俱葬於鷲峯之北焉。

慧悟大師傳◉◉宋慧悟，行唐李氏子。其伯母日誦妙法蓮華經，洎終，火化，舌不壞。悟母嘗夢其伯母執蓮華一莖授之，卽有娠。及生，面貌端嚴，舌長覆鼻，紅蓮之色。音聲雄朗，聞者悅服。才學語，卽稱妙法蓮華。見僧卽喜，從父母索食而與之。及齠年，父母識其宿因，遂捨送五臺眞容院爲僧。戒慧嚴明，丰姿挺特，見者敬畏。元祐初，上詔入內庭，應對稱旨，賜以紫衣，授僧正之職，師力辭之。孜孜禪業，朝夕勿怠。崇寧改元，上詔赴京師，辭不起。天使再至，師行至佛道店，師曰，既逢佛道，吾將歸歟。言訖，屹然而化。上聞，傷悼不已，勅還龕本山，建塔藏焉。

成覺大師傳◉◉宋成覺，代州張氏子。覺生，方學語，能誦金剛經。母見善相，送依善住院和希大德受業。無何·上聞希有道·授僧統·加號慈懿大師·住淸涼寺。師卽從侍·咨決無替。及受具戒·聞師講調御丈夫四事·謂近善知識能聞正法思惟義理如說修行。由此發機·志求聖道·服勤三載。師知其器·乃令參訪·囑以確守戒律·究深般若·隨方開化·報佛祖恩。覺唯命奉行·徧謁師匠·聞明教大師·卽往依焉·朝夕砥礪·咨決心要·洞明唯識。一日辭歸五臺·敎曰·吾道北矣。至卽有絕視紅塵之志·唯欲深造。而學者日盛·法幢大樹·四方之民望若慶雲焉。嘗曰·學者志於道·持心有三要·曰大·曰專·曰遠。大則佛祖得處·我必當得·不爲人天小利所牽。專則唯究一事·不爲名相所引。遠則以證爲期·死而後已。具此三心·必能至道。其謙光導物·曾不少怠。壽八十而終焉。

善慧大師傳◉◉金善慧·崞邑霍氏子。母夢神人授珠有孕·月盈誕慧。神彩嶷峻·過目成誦。兒時以泥作浮圖·採野花·陳俎豆禮。厥父歎曰·此兒如是·若釋家徒·吾失望矣。遂婚之·居三載·脫無染觸·父母叱之。慧歎曰·生死業輪·欲爲其本。三界勞生·愛爲其根輪迴汩沒。無始迄今、吾安能復襲斯慾耶。父母知其志不可奪、聽其出家。詣臺山清涼寺、依覺成爲師。成見而驚曰、此吾家麒麟兒也、孜孜學業、罔敢或怠、天會間、遭兵火殘其寺、構茅以居。厥師勉令募造。慧曰、幻影浮光、須臾卽變、已躬下事、未能愜心、吾安能爲他閒事、長無明耶。囂囂自適、曾無他欲。天德間、有司以慧行聞於帝、賜號宣祕大師、鑄印令掌治教門。四方僧庶、既敬且懷、望其風者、狂夫正、懦夫卓、油然而興焉。臨終謂弟子曰、昔伯夷餓死、不食周祿、後世稱聖賢。故知身重乎利、義重乎身、德重乎義、道重乎德、君子所以捨其所輕、全其所重也。吾二十年來、已事未純、爲僧務累、殉輕而遺重、其德虧矣。爾曹勉旃、勿踵陋迹也。言訖而逝。

蘇陀室利傳◉◉金蘇陀室利、西域中印度那蘭陀寺僧、內閑三藏、外徹五明、能誦華嚴經、久慕清涼文殊住處。年八十五、與弟子七人、航海來此土、七人三還、三殞、唯佛陀室利一人隨之、凡六載、始達清涼。每一臺頂、誦華嚴十部、禪寂七日、不息不食。每入定、則見紫磨金城、玻璃紺殿、寶蓮香水、珠網交輝、功德莊嚴、不可稱述、諸天童子。遊戲其中。後於靈鷲峯化去。弟子室利。收舍利八合。璀璨如珠。持歸西土焉。

慧洪大師傳◉◉金鐵勤院慧洪。字子範。因閱楞嚴。一人發眞十方銷殞。忽悟曰。諸佛心印本無玄妙。今日始爲無事人矣。遂造河朔汶禪師所。陳其所見。汶可之。臨終有偈云。六十春光又八年。浮雲收盡露青天。臨行踢倒須彌去。後夜山頭月更圓。言已更衣坐脫。

法沖大師傳◉◉金大定三年。黃冠蕭守眞。奏上請與沙門角力。上許之。卽召五臺法沖大師入京。止昊天寺。明日於殿庭相試。蕭能飲斗酒自若。謂沖曰。沙門能飲乎。如不能。則出吾下矣。沖曰。吾能一飲十斛。不足爲難。但吾佛有戒。沙門不得飲酒。請加砒霜鴆毒於中。我與若飲。庶不爲犯。若能飲之乎。蕭曰。請沙門先之。沖誦呪飲之。卽命蕭飲。蕭不能飲。沖曰。汝出吾下矣。蕭猶大言矜高。沖於地畫金剛圈。呪之。蕭不覺投入圈中。汗下如雨。不淨流出。帝勸師捨之。沖曰。若不是帝前。吾以金剛鎚擊碎爾。由是金主嘉歎。賜儀仗送至五臺。勅建萬歲寺。以師居之。無何卽化去焉。

佛日圓明傳◉◉元佛日圓明、關西人、禮中觀沼公爲師。沼公頗有禪行、師從沼於患難中、乞食奉養、二十餘年、初無少怠。沼將終、師問曰、某後當依何人、了此大事。沼曰、慶八十去。後至燕之慶壽、忽憶前讖、遂就中和老人參叩。久之一日和謂之曰、吾有正法眼藏、密付與汝、師掩耳而出。厥後其道大振。暮年入清涼、居華嚴寺。嘗以偈寄寂庵英禪師、偈曰、舊來諸事付憨癡、不似秋來更喪疑。堪笑嶺雲閑不徹、臨崖撒手脫毛皮。又曰、毛皮遠付寂庵子、莫謂當人墮生死。了知誰是我知音、獨有寂庵舊知已。未幾、命畫工於方丈、徧畫海水行雲、約當日就工。辭不能。師曰、今日不就事不濟矣。至夕、泊然而逝。

華嚴菩薩傳◉◉元華嚴菩薩、諱正順、蔚州高氏子。生而穎悟、志脫塵垢。父母不忍拒、送詣臺山壽寧用公座下、祝髮披緇、依年受具。結廬深樹、唯閱華嚴、數盈千部。常作華藏觀、一夕入觀、聞空聲曰、和吞山水、少會風雲、卽有契入。頂戴華嚴、經行住無違、世稱華嚴菩薩。嘗建華藏閣、下爲海水、出大蓮華、毗盧金像、坐蓮華上。每對佛禪觀三五日方起大元皇太后三詔不赴授五路總攝之職固辭不受成宗幸山大加禮重臨終謂衆曰無盡刹海不離當處妄情未嘗悟入無時門人法忍問未審師今向甚麼處去師喚忍闍黎忍諾師云虛空剖出一莖骨門人乞偈師援筆書之歷劫本無去住應用何思何慮轉身踢破虛空一切是非不顧言訖恬然而逝是日靈几上有龍瑞五彩飛光燭於庭宇居三日化火自焚拾舍利門人建塔藏之

眞覺大師傳◉◉元眞覺諱信明五臺清涼疃高氏子依本山清涼寺洪公披剃年十四業講二十四受大戒述盂蘭等鈔名振叢席日誦大乘殊無少怠元主詔入燕京賜座殿庭應對稱旨命貴戚從師受菩薩戒授以僧統之秩從慶壽海雲和尚咨決心要雲以金書金剛經及菩薩戒授之曰持此二法可爲人天眼目師終身持此法修己治人年六十九示疾著三衣趺坐怡然而化

眞覺國師傳◉◉元眞覺諱文才字仲華隴西楊氏子少孤事母以孝聞博學能文述慧燈集釋賢首疏內據佛經外援儒老曲盡般若之旨構庵松間人以松堂老人

稱之。元成宗特旨建寺臺山、賜額大萬聖祐國寺、詔師主之、誨人不倦。嘗遊松下、一坐忘歸。弟子尋之、三日而得、請歸。師曰、我方安逸、汝何頻呼。弟子曰、師坐三日矣。大德六年卒、火化、獲舍利百餘粒、聞於仁宗。詔諸沙門問之曰、舍利果何致。法弘對曰、和氣之浹蒸、爲菌芝。精誠所致、其理必然。故萇弘死忠、其血成碧。況道與神會、浩養之至者乎。夫朽敗之餘、標異於烟滅灰飛之際、豈非行業堅白、神氣凝結者。上嘉其論、勅歸塔於本寺、追封邦國公。

了性法師傳◉◉元釋了性、號大林、武氏子、宋武公之後、以謚爲姓。少即好學、聰叡天啓。初依安和尚薙髮、登具戒、歷諸講席、精究三藏。後遇眞覺國師、啓迪厥心。既而周遊關陝河洛襄漢、訪諸耆德、從而學焉。如柏林潭、關輔懷、南陽慈諸公、皆以賢首之學著稱一時。性悉造其門、領厥玄旨。及歸、復參眞覺于壠坻。乃曰、佛法司南、其在茲矣。乃從眞覺至五臺。未幾、眞覺化去、遂北遊燕薊、晦迹魏闕之下、優游渤海之濱、與世若將相忘。成宗徵居萬寧、聲價振蕩內外。至大間、太后創寺臺山、曰普寧、延性居之。性爲人剛毅、頗負氣節、不能俯仰媚悅于人。故足迹不入城闉、不謁權貴。人或忌之、性聞、嘗曰、予本以一介苾芻、蒙天子處之以巨刹、惟乃夙夜宏法匪懈、圖報國恩不暇、餘復何求。雖有臧倉毀鬲之言、其如青蠅止棘樊耳。顧予命之不遭、道之不行、則納履而去、何往而不可也。時元世因尊寵西僧、其徒衆甚盛、出入騎從、擬若王公。或頂赤毳峨冠、岸然自居、天下名德諸師、莫不爲之致禮、摳衣接足、丐其按顱摩頂、謂之攝受。性惟長揖而已。顧謂衆曰、吾敢慢于人耶、吾聞君子愛人以禮、何可屈節、自取卑辱。苟爲之屈、非諂則佞。吾自爲道、于彼何求。識者高之。至治元年九月三日示寂、塔于竹林之墟、謚曰宏教。

弘教大師傳◉◉元弘教、諱慧印、關西張氏子。少攻儒典、長業佛書。始遊河東、從普救月公學圓覺了義。又遊河而南、從白馬寺大慧國師、學華嚴圓極之敎、復從栖巖益公學唯識等論。二十二歲、從五峯信公受苾芻大戒於鄠陵。二十四、以靈峯燦公之勸、嗣法於栖巖。是歲、葛氏設百僧會、請印充第一座說法、遂知名於世。又從律師秀公，講四分律。二十五，從心崖和公，學因明等論。二十八，從大通驗公，講華嚴疏。三十，厭遊，盡屏所學，居太行之阿，修一相三昧，七年方得根塵虛靜。皇慶元年，聲聞遠播，承詔至京，於安國寺講經，王公緇素，罔不服化。及歸山，上賜紫衣香藥，遣旌幢送至臺山萬聖祐國寺，以主法席。至治元年，從帝師受祕密之訣。二年，英宗幸臺山，師陪駕，遊至南臺，帝命師祈嘉應。師即禪定，帝見白光若水，彌滿空際，大士影像，渺然現中。帝慶信無量，賜幣及玉文殊像七寶念珠。詔陪駕至京師，於永福寺校正藏典，令太子貴人從師受菩薩戒，事訖還山。文宗詔住承天寺，授司徒一品銀印，師固辭。上使再至，師辭不起。至元三年，壽六十七，示寂，火之，收舍利，建塔藏焉。

金璧峯傳◉◉明寶金，字璧峯，乾州石氏子。母張氏，嗜善弗怠，有沙門授觀音像，囑曰，謹事之，生智慧兒。未幾，生兒，白光貫屋，幼多疾，因歸釋，依雲寂溫公剃落受具，後窮性相學，言辭落落若貫珠，聞者聳動。一日歎曰，三藏玄言，皆標月指，如來心法，果如是乎。遂棄其所學，習禪觀，叩晉雲海公。公問曰，萬法歸一，一歸何處。師答之不契。

遂疑之三年一日擷蔬於圃忽凝寂久之海問曰子定耶峯曰定動不關海曰定動不關是甚麼人峯以筐示之海非之峯撲筐於地拱而立海又非之峯低頭不語海把住云道道峯築海脅下仆之海猶未之可爾後工夫益切遁峨眉柏葉爲食脅不至席者三年每一坐七日乃起一日聞伐木聲忽悟汗下如雨命根始斷乃曰妙喜謂大悟十八豈欺我哉後歸白之海公公方可之曰無用和尚云汝座下出三虎一彪爾其彪耶爾緣在北當詣朔方必弘吾道師北遊至五臺棲靈鷲庵檀信爭奉逢歲儉檀信恐其饑所施益多師恐民饑止而不受施者不解師遁去乃息歲旱元帝詔祈雨師入城大雨千里帝贈千金師不受帝益敬賜號寂照圓明大師師每聞己過必稽首感懷嘗曰生我者父母教我者師友寧無生我不可無教我有生而無聞幾於牛馬者有之生而有聞至於聖賢者有之是以師友之德父母之德也蓋父母生其身師友能生君子聖賢者也世有愛佞己而惡宣過者乃下愚人也洪武戊申上詔至奉天殿應對稱旨命居天界日接天顏訓唱法義賜紫衣金鉢及御制詩有

玄關悟盡成正覺之語。一日示疾、著衣危坐、唱別。弟子智信請留一語。師曰、三藏法寶、尚爲故紙、吾言何爲、怡然而逝。茶毗、得舍利若干、五色燦爛、齒舌念珠皆不壞。門人收之、建塔文岫山普光寺。師嘗製華嚴佛事、梵音清雅、四十二奏、盛行於世。

大寶法王傳◉◉明大寶法王、名葛哩麻、烏斯藏人。道懷冲漠、神用叵測、聲聞於中國。永樂間、上遣使西土迎之、師適有五臺之遊、應命至金陵、道啓聖衷、誥封如來大寶法王西天大善自在佛。師性樂林泉、朝廷之下、恐妨禪業、奏辭遊五臺。上眷注殷勤、留之不已、乃賜鑾輿旌幢傘蓋之儀、遣使衞送於五臺大顯通寺。更勅太監楊昇重修其寺、兼修育王所置佛舍利塔、以飾法王之居。先是、上與法王幸靈谷寺齋、感塔影金光之瑞、及法王入臺山、上眷戀不釋、然因思前瑞、再幸靈谷、上默有所禱、覩瑞倍前。丁亥四月、上制書遣使於臺山大寶法王大善自在佛、其書略曰、朕四月十五日、與弘濟大師詣靈谷觀、向所見塔影、文彩光明、珍奇妙好、千變萬態、十倍於前。雖極丹青之巧、言論之辯、莫能圖說其萬一。此皆如來大寶法王大善自在佛道超無等，德高無比，具足萬行，闡揚六通，化導羣品。實釋迦佛再現世間，而乃顯茲靈應，不可思議。朕心歡喜，難以名言，略此相報，如來亮之。明年，師奏疏別上，入滅，火化無遺物。是年，函谷關吏見師適西，貽上所賜玉玦，回奏，上驚歎追慕，勅太監楊昇塑像於顯通法堂。

具生吉祥傳◉◉明具生吉祥，中天竺迦維羅國刹帝利種。三藏五明，無不徹究，自謂語言，非究竟法。入雪山習定，十有二年，得奢摩他，證於迦羅室利尊者，尊者可之，且令護持。明初，因禮五臺，特來此土，浮信度，由高昌，所經諸國，王臣畏敬，緇素風靡。四越寒暑，始達甘肅。洪武二年，既遊五頂，駐錫壽安禪林，恆山之民，翕然從化，七年，上聞其行，詔住蔣山，開化京師。聽法者風雲駢集，雖很戾之夫，見師慈相，善心油然而興。爲四方檀施，塡門塞路，師漠然自若，悉濟飢貧。八年春，上賜詩慰之，有笑談般若生紅蓮之句。十四年，足患疾，不能行，上勅醫療之，師奏往五臺，上疑其狂，師白衆曰，今日五臺之行，有能從我者否。弟子曰，某從之。師舉患足曰，汝無這一足，安能從我乎。至午・盥沐・更衣危坐。弟子請最後垂訓・師舉念珠示之。弟子曰・和尚教我念佛耶。師擲念珠在地・長吁而化焉。茶毗・得五色舍利・及烟燄所及・皆薰成舍利・掇於松枝・若貫珠焉。門人建塔於西林庵。有示衆法語三卷・幷譯七枝戒本傳於世。釋見心復公爲碑銘。

釋迦也失傳◉◉明釋迦也失・天竺迦毗羅國・世尊之裔也。功德罔極・神用難測。仰文殊之道・來遊清涼。永樂十二年春・始達此土・棲止臺山顯通寺。冬十一月・聞於上・遣太監侯顯詔至京・入內・預勅免拜・賜座大善殿・應對稱旨・上大嘉歎・勅安能仁方丈・上制書慰勞・所賜甚厚。明年・上制書・賜金印寶誥・封妙覺圓通慧慈普應輔國顯教灌頂弘善西天佛子・大國師之號。無何・辭上入臺山・每一定七日乃起。上數數制書・遣使致慰・至於宣宗・尤加欽崇・禮出常格・宣德六年・旋西域焉。

孤月禪師傳◉◉明孤月禪師・諱淨澄・燕京西河漕張氏子。師生時・偶一僧至・厥父喜・即請安名・僧曰・此兒非常・應名清正。父母亡後・即有出家志・行至雙城・於路逢僧求落髮。詢其來緣。乃初立名僧也。遂就金河寺剃落。其師令習經業。師不悅。只願修行。示以念佛法門。師拳拳奉行。未周歲。厥師卒。復詢知識。偶遇五臺壽寧寺僧清善。即易其名曰淨澄。到山執僧務。久之。自覺工夫不純。即走古華嚴煉磨。日夜逼拶。幾一載。一日凝滯頓開。如去重負。即詣北京。求證於廣恩月溪老人。陳其所悟。溪拶數語。汗下不能對。溪曰。汝得信念爾。遂令參狗子無佛性語。疑情頓發。打成一片。第三日。忽有省。溪問汝連日受用如何。師曰。風清月白。地厚天高。溪喝。師掩耳而出。一日打坐。僧問曰。汝不看經。作甚死模樣。師喝曰。還我活句來。僧無語。居無何。溪可其悟。即付之拂子手卷。南遊度黃河。舟沒。所有俱失。師附浮木而出。自思所得未愜。即發願曰。此行若不大悟。誓不北歸。自此工夫益切。入蜀川飛雪山。磨鍊身心。獨居過三年。一日造飯中得定。及出定。飯生白醭矣。一日方坐。聞聲曰。祖順踢破腳了。三日後人到。印對前言。無差。在百里之外。蓋靜極徹聽也。師於地上打坐。冷氣傷足。不能行。衆荷至後山將息。好衆請開示。師固辭。一日木頭上坐。正爾湛寂。忽聞爆竹聲。豁然心空・自此方得一切時中・洞然明妙。師辭衆・詣圓覺法鑑和尚處・陳其所悟・覺曰・子向後還做工夫否。師曰・隨分。覺曰・若然則飢餐渴飲去也。師曰・終不作如是見解。覺頷之。後造廣福雲谷和尚・挂搭久之。谷見其一向孤迴迴底・即問曰・你恰似死人一般・我且問你・大死底人却活時如何。師曰・眉毛眼上横・鼻孔大頭垂。又問・如何是無字意・師云・風行草偃・水到渠成。又問・大地平沈・虚空粉碎・汝向什麼處安身立命・師曰・雲消山嶽露・日出海天清。谷肯之・遂付衣鉢。天順改元・返清涼・道聲遠震。代王請詣内掖・問道感光明庭・煥王心大悦・而師禮爲王斥俸金・建寺臺山華嚴谷・請額曰普濟。後坐脱於本寺焉。嘗有居山詩云・寰中獨許五臺高・無位真人伴寂寥。一任諸方風浩浩・常空兩眼視雲霄。甘貧林下思悠悠・竹榻横眠枕石頭。格外生涯隨分足・都緣胸次爲無求。自住丹崖綠水旁・了無榮辱與閒忙。老僧不會還源旨・一任山青葉又黄。亦有清涼錄行於世。

大巍禪師傳◉◉明大巍淨倫禪師・雲南康氏子。古庭堅和尚住皖城浮山・師往叩・

室中機契。後出世顯通。上堂・無孔鐵椎當面擊・黑漆崐崙攔路坐・莫有捱拶得入・拈弄得出底出衆道看。僧・問如何是臺山境。師曰・不是天晴便是下雪・如何是境中人。師曰・金剛窟裏萬菩薩。未審尋常所說何法。師曰清風吹幽松・近聽聲愈好。僧問・如何是佛法的的大意。師曰・今年調雨水・農家好種麥。僧問・如何是祖師西來意。師曰・待萬仙山（即金剛窟）轉身・卽向汝道。乃曰・拈砒霜作醍醐・亦曾有也。撒珍珠如瓦礫・那箇不然。開眼上樹・特地喪家聲。夢昇兜率。未免揚家醜。不動情思・轉魔女盡成菩提寶器。不勞腕力・指娑婆便爲妙喜淨邦。長水璿岳積而來・瑯琊覺冰消而去。信腳踢翻琉璃穽・等閒擊碎珊瑚枝。冬至示衆・五頂瓊瑤堆・千松珠玉枝盡・臺山泉石烟雲飛樓涌殿。總是文殊一隻智眼眞光。是汝諸人・常在於其中・經行及坐臥・還知從不曾動著渠一莖眉毛麼。若也與麼見得・便爾攝大千於毫端・廓塵沙於法界。其或未然・切忌東卜西卜。老僧爲汝眞實告報・今朝冬至一陽生・珍重。

寶印禪師傳◉◉明臺山龍樹庵寶印禪師。親近大川洪和尚。一日晨興・覩明星有省·述偈曰·日日出東山·月沈西嶂·昨日今朝·曾無兩樣。師初與楚峯·玉堂·同參。臨行·大川授以讖曰·向去三人載一車。後至蛇溝·三人同結庵而居·遂成叢林·蓋蛇溝俗名車溝也。將入滅·預知時至·說偈辭衆·念佛而逝。

楚峯和尚傳◉◉明楚峯和尚·初居祕魔巖·十餘載·木食磵飲·人不堪其憂·師泊如也。後參大川和尚·聞火爆聲·豁然大悟。作偈曰·眼睛突出死柴頭·赫赫神光照四洲·觸處現成人不委·幾回春去又逢秋。

無邊禪師傳◉◉明僧無邊·嗣楚峯和尚·峯嗣大川·洪洪嗣天奇瑞·邊溯臨濟·爲二十八代孫·峯嘗囑曰·爾後有鉢飯·當共衲子食·嘉靖四十三年·於紫霞谷掘地得銅鉢·受斗餘·遂成叢林·即以大鉢名其庵。

瑞峯禪師傳◉◉明瑞峯·三際廣通禪師·久侍笑巖室中·機契·付以偈曰·一念不生諸數滅·萬機休罷十方空·界空數滅漚澄海·諸佛衆生影現中·後居臺山·僧無明經參·問曰·某於古德機緣·每多疑處·乞師指示。師曰·試舉看。經歷舉數則·師逐一答之。

末云趙州勘破臺山婆子未審勘破在甚麽處師笑曰卻是婆子勘破趙州經乃呈頌師皆可之（無明經乃大徹後徧參諸方不可默認爲未悟而參也）

如馨律師傳◉◉明如馨律師字古心溧陽楊氏子嘉靖間禮棲霞素庵節公薙髮精嚴五德禮誦尤勤事師三載一念無違其時談經者多弘律者尠馨喟然曰佛法住世功在毗尼盍專律學以報佛恩因閱華嚴至菩薩住處品知文殊大士常住清涼冀瞻慈相辭諸法侶腰包而行三踰寒暑方眺寶峯於金剛窟畔景值餘暉徘徊瞻眺忽見老母形枯髮白冠敝衣鶉捧僧伽黎自林間出呼馨而告曰大德禮懇殷勤不憚勞苦我此法服子昔受持不意中違今應贈汝文殊難見徒費劬勞見仍不識亦何所裨馨默然遲疑母去數武喚言大德比丘我即文殊馨疾趨攀挽已失其處惟伽黎存焉乃泣禮返步適寺僧夢神致囑優波離尊者來汝等速迎致禮以是因緣僧徒共曉沿途士女香花供養不可數計因挂錫妙德庵復感五頂放光於寶光中見大士手爲摩頂心地洞開復徧遊諸方道侶皈信抵金陵吉祥里創剎即名

古林·龍象遠集·法會雲興。神宗特勅延至五臺·命司禮內臣張然·代受菩薩戒。陞座之頃·五色祥雲結蓋盤空。內臣還奏·賜號慧雲律師。幷頒賚金頂毗盧帽·千佛珠衣·鉢盂錫杖。功德圓滿·仍返古林。

遠清律師傳◎◎明遠清·字澄芳·新安人。夙具奇姿·雅懷高素。既謝塵俗·偏遊名勝。初習賢首·精通教觀。負笈南來·至止越邦。時慧雲律師·方說戒于武林靈隱。夜夢有人語云·明日有文殊化身來乞戒·可方便爲彼授之。翌旦·清率衆趨壇·執弟子禮。慧雲驚異·問所從來。云自五臺·向雖宏法·尚未近圓。久慕道風·今欲歸依。慧欣然應許·與辭而退。及法期已屆·大衆登壇。清獨未至。慧復憶前夢·方便攝受。因遣人探詢。清果有恙·不可以風。慧雲感彼神語·不吝慈悲。統衆就之·一時三壇·方便授受。清既得戒·懷寶而歸·徑造五臺。精研律部·善達意旨。開遮無礙·尤善屬文。嘗謂古有戒壇·自明以來·歲久封錮。欲興此舉·非叩帝閽·其道末由。乃具文疏·略述梗概。因內宮奏之。時神宗御極·雅重佛法·覽疏大悅。遂奉旨南下·詔慧雲赴五臺·振茲法雷·弘爾象教。

並敕兩街及內使御馬監張然齎衣鉢錫杖賜之說戒三年敕建聖光永明寺更賜紫衣金帛恩榮重渥莫與比數乃值寇盜戎馬騷動慧雲講演一期竟爾南歸命淸繼席遂終三載無違聖諭法戒大興果符神兆世壽僧臘均無可考唯靈塔一區長峙五臺。

紫柏大師傳◉◉明達觀名眞可晚號紫柏其先句曲人父沈連世居吳江母夢異人授附葉大鮮桃寤而香滿室遂有娠可生五歲不語有異僧摩頂謂其父曰此兒出家當爲人天師言訖忽不見可遂能語髫年性雄猛慷慨激烈貌偉不羣弱不好弄生不喜見婦人年十七仗劍遠遊塞上至蘇州閶門天大雨値虎邱僧明覺相顧盼壯其貌以傘蔽之同歸寺聞僧夜誦八十八佛名心大快悅晨入覺室曰吾兩人有大寶何以汙在此中耶解腰纏金授覺令設齋請剃髮遂禮覺爲師自是閉戶讀書年半不越閫見僧有飲酒茹葷者曰出家兒如此可殺也僧咸畏之年二十從講師受具戒至常熟相國嚴養翁識爲奇器留月餘旣之武塘景德寺掩關三年復回

辭覺曰吾當行腳參知識究明大事遂策杖去一日聞僧誦張拙見道偈至斷除妄想重增病趨向眞如亦是邪可曰錯也當云方無病不是邪僧云你錯他不錯可大疑之疑至頭面俱腫一日齋次忽悟頭面立消自是陵轢諸方嘗曰使我在臨濟德山座下一掌便醒安用如何如何後北遊至京師參徧融笑巖諸大老萬曆三年南歸至嘉禾見太宰陸五臺心大相契每念法道陵遲大藏卷帙重多難爲徧布欲刻方册易以流通普使見聞作金剛種于十二年發起倡募至十七年創刻于五臺山妙德庵董其事者爲密藏道開又有幻余法本爲之輔弼歷四年以五臺苦寒遂移于徑山寂照庵以嘉興楞嚴寺爲藏板及印刷所可初于刻藏有成議後乃返吳門省得度師（刻藏事詳見本志密藏傳）後之都門訪憨山於東海又西遊峨眉禮普賢繼至匡廬尋歸宗故址志願重興克符所願江州邢孝廉延居長松館可爲說法語名長松茹退復北遊至潭柘慈聖聖母聞可至命近侍陳儒致齋供特賜紫伽黎可固讓曰自慚貧骨難披紫施與高人福倍增儒隨可過雲居禮石經於雷音寺啓石室佛座下得

金函、貯佛舍利三枚、光燭巖壑。因請舍利入內、供三日、出帑金、重藏於石窟。以聖母齋襯餘金贖琬公塔。（即石經處）邀憨山偕往瞻禮、并囑作記。回寓慈壽、與憨山同居西郊園中、對談四十晝夜、目不交睫、信爲生平至快事。二十三年、憨山觸聖怒、詔逮下獄。可在匡廬、聞報、許誦法華百部、冀祐、并擬赴都相救。旋聞南放、乃待於江濟、及會、執手歎曰、公以死荷負大法。公不生還、吾不有生日。二十八年、上以三殿工、榷礦稅、中使者駐湖口、南康太守吳寶秀劾奏、被逮、其夫人哀憤以繯死。可聞之曰、時事至此、其如世道何。遂策杖赴都門、吳入獄、可多方調護、授以毗舍浮佛半偈、囑誦滿十萬、當出獄、吳持至八萬、蒙上意解、得末減。可每歎曰、老憨不歸、則我出世一大負、礦稅不止、則我救世一大負、傳燈未續、則我慧命一大負。若釋此三負、當不復走王舍城矣。三十一年癸卯、忽妖書發、震動中外、忌者乘閒劾可、竟以是羅難。幸早見重於帝、適見奏章、意甚憐之、在法不能免。因逮及、旨下云、著審而已。訊鞫但以三負事對、絕無他辭。時執政欲死之。可聞曰、世法如此、久住何爲。乃索浴罷、囑侍者性田曰、吾去矣。幸謝江南諸護法。說偈端坐。安然而逝。御史曹學程。以建言逮繫。問道於可。聞急趨至。撫曰。師去得好。可復開目微笑而別。時癸卯十二月十七日也。壽六十一。臘四十一。可嘗教人誦毗舍浮佛偈。憨山問。師還誦否。曰。持二十年。止熟一句半。若熟二句。則死生無礙矣。如此自由安逝。乃持偈之實效。足見其悟證之高深。化後待命六日。顏色不改。及出。徙身浮葬於慈慧寺外。次年秋。陸西源欲致可肉身南還。啓之安然不動。緇素見之。無不感歎禮敬。乃奉歸徑山。供寂照庵。又越十三年丙辰。方茶毗。建塔於大慧塔後。開山第二代之左。曰文殊臺。可徧禮諸方。無剎不至。及常遊都下。上悅帝心。凡普陀敕建殿閣。皆其啓奏之力。每見古剎荒廢。必志恢復。始從楞嚴。終至歸宗雲居等。重興梵剎一十五所。以未出世。故無上堂普說示衆諸語。但就參請機緣開示。門人輯之。有紫柏全集三十卷。入清藏。

妙峯大師傳◎◎明妙峯。名福登。山西平陽人。姓續氏。春秋續鞠居之裔。生秉奇姿。脣掀。齒露。鼻昂。喉結。七歲失恃怙。爲里人牧羊。十二歲。投近寺僧出家。僧待之虐。逃至蒲坂行乞于市夜宿郡東文昌閣閣係山陰王建請萬固寺朗公居之一日山陰王見之謂朗公曰此子五官皆露而神凝骨堅他日必成大器當收爲徒善視之未幾地大震民居盡塌登壓其下無所傷王益奇之乃修中條山棲巖蘭若令登閉關專修禪觀日夜鵠立者三年入關未久即有悟處作偈呈王王曰此子見處已如此若不挫之後必發狂遂取敝履割底書一偈云者片臭鞋底封將寄與汝並不爲別事專打作詩嘴封而寄之登接得禮佛以綫繫項自此絕無一言矣三年關滿往見王則本分事明具大人相王甚喜令其往聽楞嚴受具戒繼又令其徧參知識北方乾燥及到南方朝普陀因受潮溼徧身生疥發願造滲金文殊普賢觀音三大士像並銅殿送五臺峨眉普陀以永供養回至寧波染時證幾死旅宿求滴水不可得遂以手掬浴盆水飲之而甘次日見其甚穢大嘔吐忽悟曰飲之甚甘視之甚穢淨穢由心非關外物即通身發汗而癒而疥瘡仍舊至南京大報恩寺無極法師講華嚴懸談憨山爲副講登討一淨頭單以期養病而聽經每日于大衆過堂及放養息時

打掃廁室。甚爲清潔。憨山億此淨頭。必是高僧。遂私訪之。與登訂盟爲同參。不久。廁室不潔。憨山知登去。遂亦去尋之。登去後回蒲州。乃於中條最深處。結茅靜修辟穀三年。大有所悟。山陰王於南山建梵宇。請登居之。又令往北京請藏經。於京師市中得遇憨山。及經事完畢。同至蒲州。次年同往五臺。卜居於北臺下龍門之妙德庵。越三年。各寫華嚴經。憨山用泥金。刺血和金寫。其金紙皆慈聖皇太后所賜。登則刺舌血和硃寫。各以此報罔極恩。及經畢。登擬建無遮大會百二十日。事已妥。慈聖太后遣官來山祈皇儲。遂以此功德通歸祈儲。過十月。皇儲生。卽泰昌也。此會已畢。登與憨山以大名之下。不可久居。同皆下山隱遁。憨山往牢山。登往蘆芽山結庵以居。太后命人訪而得之。卽爲賜建蘆芽華嚴寺。成一大道場。自此建叢林。修橋梁。鋪山路者。二十餘年。凡大工程。他人不能成者。一請登料理。不久卽成。成則去之。不復過問。一生所興大道場十餘處。並其他工程。由登之福德智慧。與其忠誠。故上自皇帝宰輔。以訖士庶。無不景仰信從而樂施之。三大名山之銅殿。亦登所親製。將終前。晉王請修山西省城大塔寺殿宇工完。又修會城橋，長十里。工未完，登以疾還山，乃料理所建道場，通爲十方常住，各得其人。向來輔助料理之眷屬，悉令歸萬固，不留一人於餘處。至臘月十九日，端坐而逝。壽七十三，臘四十餘，時萬曆四十年。將逝之前數日，皇帝勅封眞正佛子之勅黃到。及聞其逝，又賜金建塔，並令凡登所有未完之工，悉令完之。猗歟懿哉。如登者，可謂人天師表，法門砥柱矣。當其閉關得鞋底時，若非有大根行，當即氣死，豈肯以此繫之于項乎。況已通宗教，後爲養病故，討淨頭當，今人稍有見處，令彼打掃佛殿，尚不肯，況廁室乎。又況偷空打掃，必致極其淨潔乎。所興十餘處大道場，自己眷屬一人不住。其謙卑自牧，無有我相，唯知爲法爲人，了無自私之念，非乘願再來，振興法道者，能如是乎。登一生道行功業，詳具夢遊集本傳，今略舉其大概而已。

密藏幻余傳◉◉明密藏，名道開，南昌人。棄青衿，披剃於南海，聞紫柏道風，往歸之。紫柏知爲法器，留侍焉。嘉興楞嚴寺，爲長水法師疏經處，久廢，有力者侵爲園亭。紫柏慨然傷之。欲爲恢復計。囑開任其事。陸太宰弟雲臺。爲建禪堂五楹。旣成。紫柏刺臂血題其柱云。若不究心。坐禪徒增業苦。如能護念。呵佛猶益眞修。後二十年。太守槐亭蔡公。捨貲重修之。蓋紫柏願力所持也。居常歎法道陵遲。又念大藏卷帙重多。遐方僻陬。有終身不聞佛法名字者。欲刻方册。易以流通。普使見聞。作金剛種子。卽有謗者。罪當自代。遂與太宰陸光祖。司馬馮夢禎。廷尉曾同亨。冏卿瞿汝稷。共商度之。以開董其事。於萬曆十七年己丑。創刻於五臺妙德庵。居四年。以冰雪苦寒。復移於徑山寂照庵。工及半。開以病隱去。幻余名法本。不詳氏族。曾親近雲谷。紫柏二師。及紫柏提倡刻方册大藏。法本道開同任其事。其爲功德。何可泯沒。今將紫柏集中最初刻藏緣起。附之于後。庶後世學者。知紫柏。密藏。幻余。三大師。爲法爲人之一番熱心也。紫柏云。嘉隆間。袁了凡以大法垂秋。僧曹無遠慮。不思宋元之世大藏經板。海內不下二十餘副。自明已來。南都藏板。印造者多。已模糊不甚清白矣。且歲久腐朽。燕京板雖完壯。字畫淸白顯朗。以在禁中。印造苟非奏請。不敢擅便。又世故無常。

治亂豈可逆定。不若易梵筴爲方册。則印造之者。價不高而書不重。價不高。則印造易。書不重則易廣布。縱經世亂。必焚燬不盡。使法寶常存。慧命堅固。譬夫廣種薄收。雖遭饑饉。不至餓死。時法本禪人。實聞此言。但本公自顧力弱。不能圖之。然此志耿耿在肝膈間。無須臾敢忘者也。至萬曆七年。予來自嵩少。挂錫清風涇上。去大雲寺不甚遠。寺有雲谷老宿。乃空門白眉也。時本公爲雲谷侍者。予訪雲谷於大雲。復值本公在焉。既而談及刻藏之舉。以爲非三萬金未能完此。衆生以財爲命。豈易乞哉。大都常人之情。有傷其命。雖父母兄弟妻子之間。有不悅者。以世外之人乞人性命。誰願之哉。予曰。小子何不見大若是乎。但恐辦心不眞。眞則何慮無成。且堂堂大明。反不若宋元之盛哉。宋板藏經。亦有書刻者。元板亦不下十餘副。子急圖之。勿自歉。老漢雖不敏。敢爲刻藏之旗鼓。旗所以一人之目。鼓所以一人之耳。目一則明。耳一則聰。聰之與明。衆生之所本有者。特無大法以熏開其心。故雖有而不能用。予謂衆生財與命同。以故難乞。殊不知以財爲重者。誠聰明未啓耳。如聰明一啓。即知此身幻化非堅，此心起滅不常矣。既知此矣，即乞其頭，亦歡然願施者，況身外阿堵物耶。於是法本輩化弱爲强，轉狹爲廣，視刻藏之舉，若壯士屈伸臂耳，了無難色，然猶未舉行也。及密藏開公問法於老漢，因而囑以刻藏之事。開公曰，易梵筴爲方册，則不尊重，無乃不可乎。予破之曰，金玉尊重，則不可以資生，米麥雖不如金玉之尊重，然可以養生。使梵筴雖尊重而不解其意，則尊之何益。使方册雖不尊重，以價輕易造，流通必普，千普萬普之中，豈無一二人解其義趣者乎。我又聞之，我法如塗毒鼓，於衆人中擊之，發聲，無論有心無心，聞之者命根皆斷。若然者，不唯尊重供養者有大功德，即毀之謗之之徒，終必獲益。且娑婆度生，以折門爲先，攝門次之。縱使輕賤方册之輩，先墮地獄，受大極苦，苦則反本，反本則知墮地獄之因，知因則改過，改過則易輕賤爲尊重。是以攝之不可，則折之，以折之之故，則見有地獄，既見地獄，則痛想天堂矣。由信天堂而信佛，故尊重與輕賤，乃翻手覆手耳。老漢是願一切衆生輕賤佛法，墮地獄中，因地獄苦，發菩提心，若然者，易梵筴爲方册，則廣長舌相，猶殊勝萬萬倍矣。子何不智若此乎。於是道開聞予言。泣涕俱下。跪而發誓曰。謹奉和尚命。若有人捨三萬金。刻此藏板者。道開願以頭目腦髓供養是人。自今而後。藏板不完。開心不死。由是觀之。則法本。道開。不才老漢。及現前一切刻藏施主。皆袁了凡之化身也。又紫柏令幻余募緣之文曰。夫大藏。佛語也。而大藏之所詮者。佛心也。佛語如薪。佛心如火。薪多則火熾。薪盡則火不可傳。火不可傳。則變生爲熟。破暗張明之用。幾乎息矣。故傳火必待於薪。而火始有用。傳心必合於佛語。而心始無疑。我心既無疑。佛心我心也。佛心我心。則凡有知覺者。孰非佛耶。雖然衆生本佛。奈何日用而不知。謂之根本無明。譬如生盲之人。出胎墮地。雖長百歲。終不知天地日月是何物也。衆生本佛。日用不知。謂之生盲。謂之無明。不亦可乎。夫生盲之人。一旦得良醫抉其障翳。則天地之大。日月之明。了然無惑矣。衆生之無明。若不得佛語之金錍。抉其無明障翳。雖佛性本有。烏能識哉。如火未始不在也。不得薪以傳之。則火不可得而用也。故曰地二生火。天三成之。三若不成。則火雖在。亦不可得而照物也。如衆生正因佛性雖在不得緣因佛性熏之則了因不開了因不開則正因終不得而復矣由是而言緣因佛語也了因佛語之所詮者也正因則衆生本有之自心也自心固有不得佛語傳之了因了之自心雖固有終不能用也正如火在而不得薪以傳之火亦終不可得而用也是故有志於用自心者必先明佛語夫自心明則無往而非明矣故曰不明自發則諸暗相永不能昏而永不能昏之人始可以開物成務矣予是知大藏一刻豈唯凡夫可以登正覺實治道中開物成務一大機也刻大藏之緣始今某將丐緣於四方馮太史跋其前予繼太史而復跋之者蓋念聚薪不易如薪聚而火不傳者未之有也佛語宏傳而衆生不明自心者亦未之有也某行矣無滯

蓮池大師傳◉◉明袾宏字佛慧號蓮池俗姓沈杭州仁和人年十七補諸生以學行重于時鄰有老嫗日課佛名數千問其故嫗曰先夫持佛名臨終無病與人一拱而別故知念佛功德不可思議宏自此遂棲心淨土每書生死事大四字于案頭以自策戒殺生歲時饗祀陳蔬果而已年二十七喪父三十一喪母泣涕曰親恩罔極

正吾報答時也·遂決志出家。繼室湯氏·亦長齋奉佛。除夕·命湯氏點茶·捧至宏前·盞忽裂·宏笑曰·因緣無不散之理。明年元日·爲嘉靖四十五年·訣湯氏曰·恩愛不常·生死莫代·吾往矣·汝自爲計。湯氏洒然曰·君先吾·亦將行矣。宏爲作一筆勾詞·投西山無門洞性天理和尚薙髮·乞昭慶寺無塵玉律師受具戒·徧參諸方知識。北遊五臺·感文殊放光·住妙德庵·與憨山妙峯盤桓四十餘日。至伏牛·隨衆煉磨。入京師·謁徧融笑巖諸大老。每參念佛者是誰。南還·過東昌發悟·參究彌篤。杭州諸寺多禪期·宏與會者五·終不知鄰單名字。隆慶五年·宏乞食梵村·見雲棲山水幽寂·有終焉之志。山有廢寺·伏虎禪師故居也·土人楊國柱·陳如玉等·結茅以棲宏。宏孑然無侶·往往絕糧·倚壁危坐而已。山中多虎·環山四十里·傷人甚衆·居民苦之。宏爲諷經千卷·施鬼神食·自是虎不爲患。歲亢旱·居民乞禱雨·宏曰·吾但知念佛·無他術也。衆固請·宏乃持木魚·出循田塍行·唱佛名·時雨隨注·如足所及。衆悅·相與庀材造屋·衲子日歸附·遂成叢林。宏痛念末法學者·掠影宗門·撥無淨土·有若狂象。講師輩知解依通·說食不飽。如法思惟。唯念佛一門。橫截生死。普攝三根。于是單提淨土。著阿彌陀經疏鈔十餘萬言。總持圓頓諸經。融會事理。指歸一心。書成。一時緇白之流。歸心淨土者。若魚龍之趨溟渤也。宏又以佛設三學。戒為基本。南北戒壇久禁不行。宏令求戒者。具三衣于佛前受之。宏為證明。已受者半月誦梵網戒經及比丘諸戒品。衆共推宏精律制。為第一行。因著沙彌要略。具戒便蒙。梵網經疏發隱。淨慈寺僧性蓮。請宏講圓覺經。于是贖寺前萬工池。畜生魚。其後增拓之。復開城中上方長壽兩池。畜魚益衆。歲費百餘金。禽畜別一區。歲費粟二百石。宏每言天地之大德曰生。天下之大惡曰殺生。著戒殺文。慈聖李太后見而善之。遣內侍齎紫袈裟白金問法要。宏書偈進曰。尊榮豪貴者。由宿植善因。因勝果必隆。今成大福聚。深達罪福相。果中更植因。喻如錦上華。重重美無盡。如是修福已。復應慎觀察。修福不修慧。終非解脫因。福慧二俱修。世出世第一。衆生真慧性。皆以雜念昏。修慧之要門。但一心念佛。念極心清淨。心淨土亦淨。蓮臺最上品。于中而受生。見佛悟無生。究竟成佛道。三界無倫匹。是名大尊貴。當是時。雲棲道風聞天下。僧衆日集。其設規條益嚴。大堂之外。習禪。念佛。息老病。安行腳。各有堂。百執事有寮。夜必巡警擊板唱佛名。聲傳山谷。布薩羯磨舉功過行賞罰。凜如也。綜核巨細。別白因果。未嘗妄費。有餘。輒散施諸山。垂老。亦躬自出溺器。浣濯衣袴。小沙彌拜。未嘗不答拜。宰官居士問道者。踵錯接之。無加禮。飯脫粟。臥敗席。亦莫不安之。宏極軫幽冥之苦。手定水陸儀文。及施食壇儀。每親設之。有見宏于座上。現如來像者。蓋方作如來觀也。萬曆四十年七月二日示寂。先十餘日入城別諸弟子及故舊。還山設茶別衆。至月朔晚。入堂告衆曰。明日吾行矣。次夕入丈室示微疾。瞑目坐。召城中諸弟子至。宏復開目云。大衆老實念佛。莫捏怪。莫壞我規矩。向西唱佛名而逝。年八十一。僧臘五十。湯氏後亦出家。爲尼。先一載化去。自宏化後。百有餘年。雲棲香火特盛。冠諸叢林。而淨業則遠不及昔矣。清世宗極爲欽崇。爲作傳。封淨妙眞修禪師。讚曰。三乘十地。頓漸偏圓。一句具足。法爾如然。作麼一句。阿彌陀佛。方廣等平。圓通明徹。可謂百年後之知己者。

鎭澄法師傳◉◉明鎭澄・字空印・姓李氏・宛平人。父仲武・母呂氏・夢一僧持錫入室・覺而遂生。幼性聰慧・不類凡兒・嬉戲喜作膜拜。年十五・投西山廣應寺・禮引公得度爲沙彌。服勤三年・登壇受具・一江澧西峯深守庵中諸師・弘教于大都。澄尋依講肆・參窮性相宗旨・融貫華嚴・靡不該練・如是者十餘年。復從小山笑巖・究西來密意・妙契心印。一時義學・推爲上首。明萬曆壬午・憨山妙峯・結隱五臺・將集海內耆碩・建無遮法會・招澄至・欣然相許・以所居紫霞蘭若居之・壁觀三年・大有開悟。塔院主人大方廣公・請修清涼志。隨留講諸經・聲光赫奕・四方學者日益集。先是釋智光于獅子窩創十方禪院・效遠公結蓮社・修淨業・澄亦預社。講演華嚴・學者數千指・坐寒巖冰雪・儼金剛窟中也。慈聖太后爲國祈福・注念臺山・聞澄風雅重之・特賜大藏經。尋復命澄于都城千佛寺・講所著楞嚴正觀・復于慈因寺・講演諸經。時妙峯造千佛銅殿于大顯通寺。神宗嘉其功行・命重修・更賜額曰永明・建七處九會道場・延諸法師・講演華嚴・以澄主第一座。會罷・以古竹林寺・文殊現身處也・廢久復緝・所用多出內帑・

不日而成。更集學子、重講華嚴疏、復修南臺、為文殊化境。自是、疲于津梁、遂謝諸弟子、默然兀坐頃之。示微疾、猶危坐三日、夜中宵寂然而逝。萬曆四十五年六月十四日也。世壽七十有一、僧臘五十有奇。塔于竹林寺之左。澄生而安重、寡言笑、律身甚嚴、而處眾以和。說法三十餘年、三演華嚴、雖登高座、萬指圍繞、意若無人。天廚日至、而疏糲自如。居嘗專注理觀、脅不至席。淵沈靜默、老無惰容。受法弟子以千百計、出其門者、率皆質樸無浮習。其于講演、提綱挈要、時出新意、北方法席之盛、稽之前輩、無出其右者。所著有楞嚴正觀、金剛正眼、般若照真論、因明起信攝論、永嘉集諸解、行於世。

憨山大師傳◉◉明德清、字澄印、憨山、乃居清涼時自號也。俗姓蔡、南京全椒人、母夢大士抱兒授之而生。清七歲、叔父死、尸于牀、問母曰、叔父何處去耶、即疑不解。九歲、能背誦普門品。年十二、辭親入南京報恩寺、依師翁西林和尚。內江趙大洲見而異之、問曰、汝圖作麼。答曰、圖作佛。大洲撫之曰、兒他日當為人天師。年十三、受法華經、四月成誦。遂以次誦諸經、及世間書。年十九、雲谷大師、勗以向上事、取中峯廣錄讀之、大快、遂薙髮、修念佛三昧、日夜不斷。一夕、夢阿彌陀佛現空中、毫相分明、觀音勢至左右侍。自此每入觀、三聖炳現、信向益篤、其年冬、受具戒于無極法師、聽講華嚴懸談、悟法界圓融無盡之旨。慕清涼國師之爲人、遂發心欲遊五臺。明年、從雲谷禪師結禪天界寺、發憤參究、疽發于背。禱護伽藍神、願誦華嚴經十部、假三月以畢禪期。禱已熟寐、晨起脫然癒。居六年、將遊五臺、抵北京、參徧融笑巖諸老宿。入盤山度夏、明年、偕同參妙峯、結冬蒲坂。清向閱肇公物不遷論、至旋嵐偃岳之旨。疑之、及是閱梵志語曰、吾猶昔人、非昔人也、恍然有悟、作偈曰、死生晝夜、水流華謝、今日方知鼻孔向下。妙峯詰其所得、清曰、夜來見河邊兩箇鐵牛相鬭入水去、至今絕消息。遂與妙峯去之五臺、入龍門老屋數椽、宴坐其中、單提一念、有來者、目之而已。當春夏交、大風時作、流澌衝擊、如萬馬馳驟聲。以問妙峯、妙峯云、不見古人道、三十年聞水聲不轉意根、當證觀音圓通。清然之、谿邊有獨木橋、行坐其上、久之、忽然忘身、衆籟都寂·自此水聲不復入耳矣。一日·粥罷經行·忽立定·及從定起·光明湛然·覓身與心·了不可得。說偈曰·瞥然一念狂心歇·內外根塵俱洞徹·翻身觸破太虛空·萬象森羅從起滅。因奸商伐木不能禁·往雁門·祈兵備道胡公護持·居署中·入定五晝夜·胡公撼之不動·鳴引磬數聲·乃出定。還山·刺血泥金寫華嚴經·每下一筆·念佛一聲·念念不斷·久之·動靜一如·得大自在。寫至行願品·偶隱几假寐·見紺殿華臺·諸聖影現。清手捧梵筴·長跪竊念·梵書何能辨之。乃聞高座唱曰·有分別識·無分別智·識隨生死·智會涅槃·如是千百句·梵文卽變爲漢字。遂於智識明了洞徹。時神宗未有太子·萬曆九年·李太后遣官五臺·建祈儲道場·以妙峯與清主之。明年·光宗生·清尋遁入東海之牢山。牢山者·華嚴經所謂那羅延窟也·結茅山南而居之。太后聞·遣中使再徵不起·賜三千金以造寺。復固辭·中使不敢復命·清曰·古有矯詔賑饑之事·山東歲凶·以此廣聖慈于饑民·不亦善乎。中使從之。持賑籍還報·太后感歎·命頒藏經一部·仍率諸眷屬·輸金造寺·賜額曰海印。清詣京謝恩。復爲南京報恩寺請藏經·卽命清送之將至寺。塔放光者累日。還復命。仍歸牢山。歲復大饑。清散所儲糧賑之。不足。汎舟遼東。糴豆數百石以濟。牢山之民。無饑死者。初牢山人多從異教。不知佛法。清住山十三年。方便說法。信從者日衆。有里豪謀占道場。構道士控有司。誣清侵占道院。既按驗不實而罷。時太后屢遣中使分頒藏經于諸名山。修諸塔寺。神宗惜其費頗怒。中使權貴與中使有隙者。因藉端令東廠番役僞爲道士。擊登聞鼓。以侵占事聞。遂逮清至京。付鎭撫司究問。幷按太后前所施帑金數十萬。考掠。時清從容對曰。公欲僧誣服易耳。獄成。置聖母何地。公所按數十萬。在官家錙銖耳。柰何以錙銖故傷聖母心。問者憚。乃具獄上。所列唯賑饑三千金。有內庫籍可考。然猶坐私造寺院。戍雷州。既至。就壁壘間構禪堂。冠巾說法。歲大疫。死者相藉。清率衆掩埋。作廣薦法會七日。大雨三日。疫卽止。清自五臺發明心地。回視諸經。了無疑義。遂發弘經之願。及是。楞伽筆記成。旋著楞嚴通議。法華通議。皆直指心原。脫略章句。一時推宗說俱通者必歸焉。二十八年。南韶道祝君。請師住曹谿祖庭。乃反侵田。斥僦舍。修祖殿。闢僧寮百廢具舉緇白至集會紫柏可公以妖書事連坐京院飭行有司檄師還戍所四十二年李太后崩奉恩詔反僧服又二年還過廬山結庵五乳峯下東遊吳越反廬山以所居庵接十方來者名曰法雲寺初以念佛入道至是效遠公六時刻漏專修淨業示人偈曰但觀一句彌陀佛念念心中常不斷若能念念最分明卽與彌陀親見面只想淨土在目前日用頭頭無缺欠佛土全收一句中便是往生異方便只在了了分明時不可更起差別見復以次講大乘諸經論居四年應粵人請重住曹谿天啓三年十月示微疾韶陽知府張君來問疾淸坐語如平時既別沐浴焚香集衆告別危坐而逝年七十僧臘五十九時谿水忽涸百鳥哀鳴夜有光燭天三日入龕面如生淸所著自諸經外其唯識起信諸論及大學中庸春秋左氏老莊等書各有論著刻行于世

茆溪禪師傳◉◉淸行森號茆溪又號慈翁博羅人俗姓黎氏器宇神俊壯歲四大偶不安和倚枕間忽聞鼓吹聲頓省根源不從他有遂決志出家依雪嶠信信示寂

乃參大覺普濟能仁國師玉林琇、洞明心要。琇令分座說法、接引海衆、十方參承、捷得解脫。一時目爲大鵬劈海、又稱爲森鐵棒云。開化龍溪、緇侶輻湊。大清順治十五年戊戌、世祖章皇帝召玉林琇入京、琇令森主報恩法席。己亥玉林還山、森奉詔留京師、世祖章皇帝寵遇極隆、屢降恩旨、欲加封號、森以父子不敢並受封、奏辭甚力、世祖從之。旣而請謁五臺山、宿顯通寺。寺前遇一老婆子、手提竹籃、口嚼石子、若仙若神、與語深明宗旨、呼森爲大通佛。自五臺回、遂乞歸龍溪。世祖賜名所居寺曰圓照、御書以賜。森持律精純、導衆嚴整、雅有百丈之風、雖機辯迅利、而實能正眼接人、非祇露一己之爪牙者。受世祖章皇帝知遇甚深、及其歸里、如日邊雲影、旣離絳霄、卽隨意孤飛、斷崖荒水間、不挂一絲、眞是無爲道人。所行如其所解、世諦無非第一義諦、足以媲美玉林、爲千古衲僧規則。康熙十六年遊華嚴、曰此中修篁奇石、可以臥數江帆、吾老此畫圖中矣。乃自刻化期、手書封龕偈而寂。世壽六十有四、僧臘三十有六、蓋生於明萬曆之四十二年也。大清雍正十一年、追封明道正覺禪師。贊曰、一人首出，八表昇平。爰有龍象，僧中之英。十虛融攝，正眼洞明。日光月華，水綠山青。

雍正十一年五月十五日御筆。

阿王老藏傳◉◉淸阿王老藏，燕京西山之喇嘛也，姓賈氏。生甫十齡，父母送之崇國寺爲沙彌。年十八，始受具。稟性超穎，度越儕伍。已習韋馱兼究瑜伽。慧根自覺，眞空獨證。于番漢經書，一目俱了。復歷講肆，徧聆奧義。至於三密護身壇儀，悉練五部印契。宣導咸推，會大淸定鼎，順治初元，應詔入都。藏與同壇五人，攝齋受戒，有一上士忽諦視曰：此中有一五臺主人。衆皆惘然，莫測所謂。及順治己亥，藏果以兼通番漢，膺選乘傳，上主五臺，總理番漢經典。舊時所譯，多所訂正。上士之言，始爲有徵。自莅衆茲山，乳竇重流，荊條復茂。損食減衣，以施貧乏。禪堂斛集，覺路弘開。補綴殘典，不憚勤勞。生平不設衣鉢，一錫飄然，無所繫念。空諸所有，卽爲正觀。平等應緣，解除一切。乘五衍之軾，開八正之門。拯溺逝川，大庇交喪。內翰繆形中行李嘉猷，道過臺頂，一見皈依。玉帶山門，雲天瓶水。遠吟深契，信非偶然。厥後比歲赴覲闕廷，欽承天問・妙諦微幾・既協皇情。而譯事鉤稽・尤邀特眷。是以殊禮異數・寵賚滋多。康熙辛亥・年已七十矣。退居頤養・日以禪誦課心・長坐不臥・偏翻大藏・專業華嚴・以千部爲期。嘗以歲旱・露跣禱祈・甘雨應時而降・萬衆交忭。癸亥秋・聖祖幸臨臺山・御書題賜號爲清涼老人。宸藻流輝・焜燿千古。住山二十八稔・法雲遠蔭・火宅晨涼。慧日載升・重昏夜曉。宗風方暢・祖庭用光。以康熙二十六年三月九日示寂。先期集衆告以大限十日・將從西去・勉哉修持・勿令墜失。日至・索浴・號佛不絕・端坐而化。春秋八十有七・僧臘六十有九。聖祖聞之・賜金營葬・發龕茶毗・塔于鳳林谷・設食供衆・至者四千餘人。悲聲悽響・感動林壑。戶部左侍郎蔣弘道爲撰碑銘・勒石山阿。

老藏丹貝傳◎◎清老藏丹貝・蒙古大喇嘛也。初入衞籍・爲趙氏・居京師・禮崇國寺僧爲導師・又嘗師土波沙門藍建巴。始至清涼・居中頂及羅睺・結念所依・數歲不去。後復遠涉土波・蒙古・于其國語言文字・靡不通曉。更自清涼山歸崇國寺。時清室龍興・世祖入關・定鼎燕都・褎崇佛法・雅慕高僧。己亥歲・詔衆推選清涼山住持・僉舉丹貝。庚子卓錫茲山。辛丑受鉢莅眾。重葺經堂。遠接雲水。廣護人天。不分畛域。聖祖御宇。鑾輿西狩。遂幸斯山。至菩薩頂。則金碧煇煌。箭虡璀璨。花臺寶幢。尊嚴峻肅。異于他處。獎賚有加。既而奉命監修五頂。精藍悉力殫思。恭恪從事。甲子復以陳請菩薩頂大殿。改覆碧琉璃瓦。自山入都。跋履艱辛。遂成勞瘵。偃臥崇國。乃邀恩眷。日遣御醫調治。終莫能瘳。及其滅也。賜金存恤。闍維塔于鳳林谷。生平樸質沖澹。器宇疏朗。妙解文義。兼工書法。其于學也。專事熏修。蓋息心淨行之流。以康熙二十三年五月示寂。春秋五十三。僧臘四十四。

悟塵和尚傳◉◉清悟塵。蘇州人。康熙間。發心朝五臺。病於顯通寺。向知事者索白米少許。欲煑粥。知事曰。此地長年止食油麥。安得白米。塵乃發願。決以白米細麪供養往來。滿一切願。病瘉。遂往山西汾州府募緣。時將十月。天降大雪。于城內外尋宿不得。即坐城外門洞下。中夜凍息將絕。感韋馱菩薩。託夢于偏城大小巷眾檀越。併十方院僧云。五臺山文殊菩薩將凍死于城外。如是再三。衆至旦出城。見塵坐城門洞下。徵有息在。衆卽擡至十方院。經時方甦。衆問原由。塵說如上。衆皆歎異。共助金資若干。塵還臺山。至鎭海寺。借茶房三間。備具米麪等物。如法供養。後復建殿堂數十楹。立爲叢席。接待大衆。現已一敗塗地矣。

章嘉國師傳◉◉淸章嘉呼土克圖。西藏人。生有異徵。不迷本性。相傳爲達賴第二世呼畢勒罕轉生。種種異徵。衆所欽企。幼育于寺。乃居第五世達賴弟子。淸康熙時。寰宇載寧。重譯來朝。聖祖晚歲。頗耽禪理。屢諮法典。歎爲玄識。特錫灌頂普慧廣慈之號。命主蒙古多倫泊彙宗寺。章嘉博貫宗敎。梵行精純。諦義圓妙。西藏蒙古諸王。尤相崇信。多所歸依。世宗在藩邸時。傾心仰慕。歎爲眞再來人。古今希有。及總萬機。爲造善因寺居之。恩禮有加。純廟登極。應詔入京。翻譯大藏中一切呪語。以漢滿蒙藏四體並列。使讀者瞭然。不限方域。刊爲梵筴。用廣流傳。嘗言其國有狼達爾瑪。漢者滅法毀敎。其後補綴未全。而經已佚。因假楞嚴善本。四譯而歸之。又佐莊親王。修同文韻統。晚年病目。與人講論。能以手數經卷篇目。而指其文。往往不爽。羣相驚歎。

非記誦嫻熟、末易臻此。以乾隆四十一年、寂于京師。

源修釋柱傳◉◉清源修姓周氏、寶應人。年四十一、棄家爲僧、冬夏一衲、日中一食。清咸豐間、約同侶數輩、取道西藏、往參佛國。偕伴數人、不堪其苦、皆中途而返。修一意孤行、孑然獨邁、越懸渡、逾雪山、經歷寒暑、直達印度。心欲見佛、無從問訊、憩坐道旁。忽聞呼江南源修者三、且云佛召汝見、遂飄然隨去。至則殿宇光明、目不能視。志誠頂禮、佛坐蓮臺、摩頂慰勞、賜名阿王。因問來此何爲。修以但願常覲如來對。佛云、此間緣分尙未具足。汝可往清涼山、造石室五、使參禮者有所安息、斯可矣。遂遵道而返、刻志興築。獲玆靈感、冀得神助、果遇蜀僧釋柱、相與爲理。數年間、五座石室、並峙五頂。修後端坐誦佛號、無疾而化。釋柱未詳其姓氏。生平靜默寡言、人莫測其蘊奧。旣與源修同築五臺石室、旣成、遂隱於棲霞山。光緒初元、示微疾、囑當事者、于荼毗後、粉骨爲丸、施之江中、並備錢二百、酒一樽、花果餡餅少許。衆如其言。時値隆冬、泛舟江上、捨玆丸骨、所攜錢物、恰應舟子所需。散後回棹、訊所由來、知亡者遺言、乃爾舟子歎曰，此人當生安養矣。轉瞬失舟所在。

達天和尚傳◉◉淸通理，字達天，直隸冀州新河趙氏子。生於康熙辛巳。身相具足，七處平滿，垂手過膝，口四十齒。圓具後，徧歷講席，於諸經論若宿習然。一目貫通，悉解玄旨。年二十四，行化京師，開講華嚴于西山遺光寺，天下道俗，無不景仰。因閱淸涼大疏，識臺山爲文殊菩薩住處，遂發心往禮。止萬緣庵，講報恩經，爲臺山供養。一日至北臺，霽日光風，倏忽白雲叆叇，銀色光芒，天色晡晚，罔識歸路。師默祈菩薩示其歸路，遂拜，既起，已在萬緣庵門矣。歡喜而入，謂衆曰，菩薩送我來。師有禮讚偈曰，菩薩慈悲，不可思議，六十餘里，頃刻而至。乾隆癸酉，奉旨管理僧錄司印務，兼爲拈花寺住持，欽賜紫衣。庚子秋，西藏聖師班禪厄爾德尼來京，恭祝七旬萬壽，與師會遇，暢談佛法大義，聖師稱善，遂供師以香帛曼答等物。旋荷聖恩，勅封闡教禪師之號。壬寅六月十三日，謂弟子曰，予八十餘年，未離佛法，且道卽今是有佛法，是無佛法。衆無以應。師視之，微笑而逝。春秋八十有二。所註法華、楞嚴、圓覺、金剛、盂蘭盆五教儀等疏行于世。

清涼山志卷第三終

音義

煨燼上烏回切。下詳進切。餘焰也。確苦角切。固也。築諸六切甕於貢切瞢瞪上莫登切。下徒亙切。鄂印入聲侈態上昌是切。下他代切。翊余力切。輔也。蛻舒芮。他味。二切。悼徒到切輟知劣切。止也。篡初患切屆皆去聲狩收去聲紿台上聲眴胡絹切。目搖也。脅虛業切餚音爻繇音由藝魚祭切詁音古顒玉恭切矯各表切鬣力涉切。龍鬣。蜿蜒上宛。下延。劂居例切扑音卜郢余盈上聲琮才宗切綬音受徽音暉剡音琰緱胡侯切。州名。炯戶頂切璝古回切。玉也。甿莫耕切。民也。乂牛世切。才也。裔余制切垠五根切。厓也。爨七亂切閭呂平聲賺徒陷切。錯也。剗楚簡切縮雙玉切碾尼展切舁渠基切。兩手舉貌。屹魚乙切踣蒲北切嶼似與切。水中山也。頵於倫切。大首也。擘補革切婪郎感切。貪也。諗尸枕切偃於宛切鹽音閻沁侵去聲。水名。墼居的切。土坏。掠彴上力尚切。下音斫。橫水木。勘苦紺切鴉於加切樸普鹿切廨音介憩去利切柑音甘擺補買切瞌睡上苦合切。下殊瑞切。踢他力切讖初禁切砒鴆上音毗。下沈去聲。撒桑割切邽音圭。地名。鄢音偃擷音絜。捋取也。擲音直綴知衛切駢部川切

清涼山志卷第四 菩薩顯應目錄

第六菩薩顯應

事徹形識之封。隨時卽顯。理懸生滅之表。觸類而彰。月印千江。示有感必通之旨。日明萬國。吐無微不燭之光。故大聖示生。心期利物。至人闡化。願在轉凡。東涌西沒、西涌東沒、渾如大火聚、燎卻面門。看卽有形、覓卽無迹、何異弄潮兒滾成毬路。見說婆羅門白髮曳杖、忽然覿面正逢渠。將謂金剛窟苧服牽牛、認著依前還不是。眞詮當諦信、不假沈吟。大道斷攀援、寧容佇想。志顯應。

經云、衆生如夢、世界如化、故得染淨融通、聖凡交徹、不離當處、豈隔纖塵。蝶蝴莊周、蘧然成異、是以澄神之士、入清涼者、或覩眞容、或窺妙域、神光化燭、爍破鈞天。仙梵靈鐘、沖開廣樂。故知菩薩聖境、初不遠人。若能念念忘機、管取頭頭示現。如斯靈宇、不唯茲山。若天台之方廣、鼓山之竹林、終南之樓閣、白鹿之靈隱、神境顯彰、載諸傳記。楞嚴云、如今世間曠野深山、聖道場地、皆阿羅漢所住持、故世間粗人所不能見。今略錄見聖境者、以顯心淨則聖應、誠極則感通耳。

五髻仙人傳◉◉漢明以前、聲教未至、臺山聖境、聞者尚希、況造者乎。當是時、五百里內、林木茂密、虎豹縱橫、五峯無路、人迹罕通。其川原之處、皆黃冠所居。每望五峯之間、祥光煥發、神燈夜流、皆以爲神人之都。自古相傳、有仙人者、髮結五髻、衣挂三銖。或獨一無侶、或羣兒相逐、遊行五頂間、望之儼然、近之則失。或出或入、人莫追尋。或云、周時即在此山、或云、莫窮其始。後來人迹漸繁、其出漸少。當時黃冠、目爲素衣仙。及騰蘭開山、後遂不復現。三晉異記云、無恤登常山、西瞻紫雲之瑞、疑鴈代間有王氣。因獵於五臺之阿、倏爾雲淡若水、見神人焉、衣素容若金、儼若熙。若占之、蔬祭吉、遂罷獵而返。後寶藏經至、乃知五髻童子、文殊化身也。

貧女乞齋傳◉◉元魏大孚靈鷲寺、每春三月、設無遮齋。不簡道俗、不別貴賤男女乞兒、悉令飽足。於食等者、於法亦等。有貧女、莫知所從、攜抱二子、一犬隨之。身無餘資、翦髮以施。未遑衆食、告主僧曰、吾有急務、遽就他行、請先分我食。僧可之、與饌三分、意令二子俱足。女曰、吾犬亦當得食。僧勉强與之。女曰、我腹有子、更須分食、僧怒曰、汝求僧食無厭、在腹未生、若爲須食、濫饕之心、乃至此乎。貧女被訶、即說偈曰、苦瓠連根苦、甜瓜徹蒂甜。三界無著處、致使阿師嫌。即踊身虛空、化菩薩相、犬爲獅子、兒爲二天童子、雲光縹緲、復說偈曰、衆生學平等、心隨萬境波、百骸俱捨盡、其如憎愛何時會。千人悲泣，向空曰，大聖，願示平等法門，我等奉行。空中偈曰，持心如大地，亦如水火風。無二無分別，究竟如虛空。會主自恨不識眞聖，取刀欲剜其目，衆遮乃止。即以貧女所施之髮，於身起處建塔供養。萬曆初，主僧圓廣重加修飾，塔下掘得聖髮數綹，其色如金，視之不定。塔在大塔院寺東側。

三沙彌見聖傳◉◉元魏大孚靈鷲寺，有三沙彌，聞山多仙靈，相與裹糧而訪，深林大壑，靡幽不至，餱盡不歸，採葉而食，誓以覩聖爲期。遊三月，偶息樹下，有大人沿嶺而來，身黑如漆，而有光明。沙彌跪遮其前曰，聖者願遺道術，其人大罵，排突而去。沙彌追之數里，見石窟，即投入焉。沙彌相與坐於窟傍，忽見雲間飄然而下，乃一丈夫，顏色鮮白，招三沙彌同入穴中，入數十步。視之，碧琉璃色，廣大穹窿，懸明月珠，光逾皎日。中有數十寶窟。沙彌從丈夫乞道術，丈夫與之盌酒曰，飲之得度。沙彌不受曰，師有戒誨，不得飲酒。丈夫曰，汝既不飲，仙不可得。沙彌欲辭歸，丈夫曰，天色已晚，留此一宿。三人各宿一窟，以女子事之，各念求仙未得，反遭魔妖，遂各潛出。既出已行

數十里有天童飛來曰大師見汝奉戒堅貞故以神藥贈之人各一莖其色如玉食已飄然而舉歸而辭師未知所往

明勖値聖傳◉◉高齊釋明勖定州人少懷倜儻志槩嶷峻嘗閱華嚴知清涼乃文殊所居遂負笈來遊深林幽谷靡不詢歷偶値異僧容貌甚奇乃相作禮各云大聖願度愚蒙俱困良久始問方來各言所居勖遂不疑欣得同志相隨三日至東臺半麓見一敝屋中有數僧容貌鄙陋威儀踈野勖意慢之日色已曛遂就寄宿中夜伴僧疾作困篤難堪呻吟至旦臭穢莫近伴謂勖曰我病且沈汝當先行勿相滯也勖曰吾遊禮畢當復相顧遂辭而去離庵數步忽聞其後錚然有聲回顧宿庵倏焉俱失方悟聖爲自慨愚暗崩號痛絕幾至滅身懇求旬餘更無所見既歸白之耆宿耆宿曰公之罪有二焉見僧生慢伴疾棄行由斯雖入聖叢如隔山岳也勖承斯誨終身持敬以事病爲行焉

西來化僧傳◉◉宇文周時有梵僧自天竺來云禮迦葉佛說法處及清涼山文殊

住處。適闕西僧道信等數十人隨來至菩薩頂。中夜入火光三昧。現文殊像。夜盡方殞。了無遺物。隨者乃知文殊化身也。

道明入聖域傳◉◉宇文周娑婆寺僧道明。志業禪觀。探求聖境。攜一沙彌。至東臺東花林山。入谷。偶聞仙藥奇香。顧之。見石臼方搗藥。訖謂其徒曰。吾求聖境日久。彷彿在茲矣。躑躅間。忽二丈夫深林而出。形容光偉。師卽稽首求度。丈夫曰。且止待我白衆。有頃一人來招。謂沙彌曰。汝且勿隨。恐觸清衆。沙彌强隨行數十步。忽見茂林清泉。名花異果。堂閣殊麗。儼若天宮。清衆穆穆。具大人相。瞻仰無厭。有一長者。顧謂師曰。此衆眞實安容繁瑣。汝速送沙彌出。更來就座。師如命。方出數步。回首俱失。唯見山麓焉。師徒歎恨而歸。古云修安樂行者。不將沙彌。修遠離行者。不帶眷屬。恐妨白業。難預聖流。其見於此乎。

高節見海雲傳◉◉隋高節。并州人。學語之歲。稱南無佛。他語不道。年十七。忽厭塵勞。志求解脫。父母以其不勤業。亦欲捨之。一日辭親。由代郡入臺山。不避蟲獸。志入幽深。於北臺後谷、見一頭陀、苫茅爲居、草根木葉以爲其食。節見卽喜、生難値想、長跪願得度脫、隨師執侍。僧曰、汝能食我食而後得度。節卽採葉而食、汲泉而飲、居數日、初無厭難。復欲求度。僧曰、能誦法華而後得度。節經七夕、法華成誦、復欲求度。僧曰、汝能攝念一坐七日、必當得度。節卽飽食木葉、澗漱已、一坐七日。起已、但覺身心輕利、法喜無量。長跪白師曰、至哉大師、我得法力、願以大慈度我出家。僧曰、我年老矣、不能令汝至道、今長安開度、汝可速往。彼有臥輪禪師、汝當依之。節曰、請和尚道號、弟子受持。師曰、我名海雲、汝善受持。節求度不遂、泣拜而去。至長安、乃詢輪所而往見焉。輪問所來、答曰、弟子自臺山來、和尚遺語、今故投師。輪曰、汝和尚名誰。答曰、我師海雲。輪大驚曰、海雲卽華嚴經中善財所參第三知識、非萬劫積德、莫能一遇。汝棄此大聖而來從我、何其悞也。節方悟、恨不碎身、遙望五臺、猶希再覩、辭輪而返、及至舊處、唯存荒篭焉。

解脫和尚見聖傳◉◉隋解脫和尚、代州邢氏子、丱歲辭親、於臺山昭果寺披剃、及具戒、從抱腹山志昭禪師學出世道。昭深器之、一日告衆曰、解脫禪學冲明、非爾曹所及、勿同常輩令執役也。未幾、返昭果、晝誦大乘、夜則禪觀。嘗於東臺麓見草衣比丘、跏趺石上。卽前叩首曰、欲求文殊、乞爲指示。比丘指金蓮華、解脫顧之、比丘卽失。脫於石畔、哀慕頂禮、日夜無息、精苦彌勵。久之、於臺麓間、再覩比丘於圓光中現半身、語曰、夫解脫者、當求諸己、而由人乎。言訖不見。於是狂機頓歇、深契無生、得大法喜。卽發願言、我得此法、不應獨善、願與一切含靈共之。說是語已、卽入三昧、於三昧中、諸佛卽爲現形、說偈言、諸佛寂滅甚深法、曠劫修行今乃得、汝能開曉此法眼、我等諸佛皆隨喜。解脫問曰、寂滅之法、若爲可說、得教人耶。諸佛報曰、方便智爲燈、照見心境界。欲究眞法性、一切無所見。州牧請師適州傳戒、事畢東歸、途中日暮、自念不得燒香供養、踧踖慚愧。忽聞空中聲曰、合掌以爲華、身爲供養具、善心眞實香、讚歎香雲布。諸佛聞此香、時復來相度、汝今勤精進、終不相疑悞。自爾德雲彌布、法澤普霑、參玄之士、罔不就焉。得成禪業者十餘人。盛化五十餘年、後莫知所終。

杜順和尙傳◉◉唐法順和尙長安萬年杜氏子亦稱杜順如晦族長也少爲隋文帝欽重給月俸供之有病者師對之危坐少頃卽瘉或生而聾者順召之與言耳卽聰或生而啞者順就之與語卽能言或狂而顚者順使人領住向之禪定少選彼卽得心謝而去又嘗臨溪隨侍者懼不可濟順牽同涉水卽斷流其神迹類如此而順隤然初不以介意尤邃華嚴宗旨帝素敬重之嘗引入宮禁導迎善氣妃主戚里諸貴奉之有如生佛唐太宗召謂之曰朕苦勞熱師之神力何以蠲除師曰聖德御宇微恙何憂但須大赦聖躬自安上從之疾遂瘳因錫號曰帝心作法界觀門專弘華嚴弟子智儼尊者傳其敎是爲三祖弟子智冲辭往五臺禮文殊去師以筲緘而付之曰若見文殊當開視之及至臺山深林幽谷罔不悉至偶見山叟語冲曰子奔馳憔悴欲何求耶冲曰求見文殊未知何在叟曰文殊久化長安未歸此何求耶冲曰爲誰是也叟曰法順和尙是也冲方旋踵老人卽隱開緘視之有偈云遊子漫波波臺山歷土坡文殊祇這是何更問彌陀冲急歸長安順已遷化焉時貞觀十四年五

月也。

波利入金剛窟傳◉◉唐佛陀波利、北印度罽賓國人。亡身徇道、徧探靈迹。及聞震旦有文殊住處、遠涉流沙、特來禮謁。以儀鳳元年、達此土、至臺山南、蹋虎陽嶺、俛仰之間、林木干雲、名花帀地、翹首五峯、生大欣慰。五體投地、向空白云、如來滅後、衆聖潛靈、唯大聖文殊師利、大悲無盡、於此山中、激引羣生、敎諸菩薩。某痛恨生遭世難、不睹聖容、遠涉流沙、故來瞻禮、伏望大慈令我暫識眞容、聊接慈語。言已、悲泣向山頂禮。忽見老人、自谷中出、作婆羅門語、謂波利曰、汝謂情存至道、遠訪聖蹤、漢地衆生、多造罪業、出家之士、多犯戒律、西土有佛頂尊勝陀羅尼經、能滅衆生重惡業垢、汝持來否。波利答曰、貧道直來禮謁、不將經來。老人曰、既不將經、徒來何益、縱見文殊、豈能識之、汝當速返、取此經來、利濟此土、多苦衆生、即是面見諸佛、親奉供養、豈一文殊不能見哉。波利聞已、不勝忻慶、禮老人足。未舉頭頃、忽然不見。悲喜交切、倍更虔誠、畢志捐生、復還西土、求佛頂尊勝陀羅尼經、於弘道元年、回至長安、具事上聞。高宗大悅、命日照三藏、與波利參譯。已而上賜波利絹三千疋、經留於內。波利泣奏曰、貧道委命取經、爲濟羣品、非以富貴也。願陛下開一視同仁之心、而流布焉。上閔其志、乃留唐本、還其梵文。波利將詣西明寺、與沙門正順等再譯。譯訖、波利持其梵本、往詣五臺山、入金剛窟、竟不復出。或云、既入窟已、見光網莊嚴、聖眞穆穆、顧同行在外、復出招之、未旋踵間、聖境卽失、唯山穴存焉。波利遂於巖畔坐脫。其尊勝呪盛行於世。

華嚴云、華藏世界所有塵、一一塵中見法界。寶光現佛如雲集、此是如來刹自在。故知金剛窟者、誠不可以聖凡境界而思議也。若波利入而不出、則是諸聖化身、權彰斯應耳。既出而坐脫、則謝斯凡累、入彼聖流矣。

普明見聖授長松傳◉◉唐釋普明、濟州趙氏子、始剃、依泰山靈巖寺。欣聞淸涼、荷錫來遊、於南臺之北、鑿龕修業。有異僧時來、相與言論、每言煩惱未伏、生死莫度、言辭激切。周旋久之、但云努力。偶羣賊至、明意坦若、無懼無惜。僧至、明向言之、僧稱善焉。後有猛虎・哮吼而入・明亦自若。虎去・僧至・明復白之・僧大嘉歎・復言努力。無何・風雪駛飄・俄深數尺・寒凜倍常。暮有女子・儀容婉妍・凍色苦甚・求寄室中・憫而許之・女衣疎薄・更深寒逼・呻吟轉劇・求寄禪牀・明初不許。夜半聲絕・明起撫之・身冷氣微・恐致隕命・引使登牀・解衣覆之。有頃・更觸・煖滑無喻・慾情瞥起・如火之熾。方欲就之・女已下牀・以手援之・倏焉而失。明於是身肉綻爛・眉鬚墮落・痛不可言・悔責無地・日夜哀泣・懺謝往愆・如是辛勤・俄經三月。聞空聲曰・汝無禪行・不可度脫・當服長松・除患得仙。明雖慶躍・自恨不知長松所在。彌加懇惻・復經七日・空聲報曰・長松在汝庵前・狀色若何。明依言取服・身瘡即瘉・神氣輕明。時永昌元年八月・辭其友・具陳往事・羽化而去。

無著入金剛窟傳◉◉唐無著・永嘉董氏子・天姿穎拔・雄毅不羣。年十二・依本州龍泉寺猗律師披剃・誦大乘經數萬偈。天寶八年・以業優得度・二十一歲・始紹師業。既精毗尼・即詣金陵牛頭山忠禪師・諮決心要・孜孜禪學・不廢寸陰。忠謂著曰・汝以聰明之咎、與理斯隔。若無此咎、且喜痛快。三世諸佛、於衆生心外、無有一法可得。幻翳若除、虛空本淨。著於言下、頓開法眼。自是倦遊湖海。志慕林泉。大曆二年夏、抵清涼山、憩華嚴寺、跏趺於經樓前、禪寂三日。後夜見白光自東北來、照無著頂。久而方隱。著但覺身心清涼、得大法喜。陵晨思光來處、東北而行。至樓觀谷口、心思聖境、禮數百拜、跏趺小寐。聞叱牛聲。驚覺、見一老人、弊巾苧服、牽牛而行、至無著前。著拜問曰、老宿自何來。曰、山中丐糧來。著曰、家居何所。答曰、在此谷中。老人曰、子欲何往。答曰、欲入金剛窟、不得門路。老人曰、且就吾家少息啜茶。無著從之、北行五十步許、抵門闔、老人呼均提、有一童子、啓扉接牛。老人延無著入。其地平正、淨琉璃色。堂舍臥具、非世所有。坐次、老人問曰、子從何來。答曰、南方。曰、將得好念珠否。答曰、有粗珠耳。老人曰、請拈出看。無著度珠與老人。老人曰、將你自家的來。著曰、是我所有。老人曰、若是汝有、底爭從南方來。童子捧二玻璃盞、盛滿酥蜜、一奉無著、一奉老人。老人舉盞、問著曰、南方有這箇麽。著云、無。老人云、無這箇、將甚麽喫茶。著無對。老人復問曰、彼方佛法，如何住持。著曰，末法比丘，少奉戒律。又問，多少衆。著曰，或三百五百。無著卻問老人，此間佛法，如何住持。老人曰，龍蛇混雜，凡聖交參。又問，多少衆。老人曰，前三三與後三三。無著無語。老人復問，常事何業。答曰，般若熏心，不得其要。老人曰，不得是要。又問，汝初出家，志求何事。答曰，欲期佛果。老人曰，初心卽得。復問，汝年幾何。答三十一歲。老人曰，三十八歲，福必至矣。今於此地，徐徐而行，無自傷足。吾倦欲眠，汝請歸去。著曰，日色將晡，乞留一宿。老人卻之曰，汝有兩伴，此是執處，故不應住。著曰，我本無伴，亦無戀著。老人曰，汝既無戀，何求住此。既有戀求，豈非伴乎。又曰，汝持衣否。答曰，受具已來，常持衣鉢。老人曰，夫沙門無難，不得捨衣。好去。無著拜辭曰，今有所疑，敢問大德，濁世衆生，善根輕尠，當何所務，卽得解脫。老人卽爲說偈曰，若人靜坐一須臾，勝造恆沙七寶塔。寶塔畢竟化爲塵，一念靜心成正覺。說偈已，令童子送無著出。無著問童子曰，適來主人道前三三與後三三，是多少數。童子曰，金剛背後的。無著罔措。著揖辭，復問金剛窟所在。童子回指云，這箇是般若寺。無著回顧，童子與寺俱失。但見山色蒼蒼、長林鬱鬱、悲愴慕戀、彷徨久之。忽覩慶雲四布、上有圓光、若懸鏡然。多菩薩影隱映於中。及有藻瓶錫杖蓮華師子之狀。著不勝悲喜、移時乃空。無著感慨、遂成一偈。偈曰、廓周沙界聖伽藍、滿目文殊接對談。言下不知開何印、回頭祇見舊山巖。說偈已、尋路至華嚴寺、具述其事。厥後立化於金剛窟前。雪竇題云、千峯盤曲色如藍、誰謂文殊是對談。堪笑清涼多少衆、前三三與後三三。

李靖射聖傳◉◉唐鴈門太守李靖、其在京時、先亦倘釋。後見僧犯非法、卽怒、志滅其教。及任代大廢佛寺。因獵、縱馬中臺之野、見僧與婦共浴於池。靖大怒、援弓射之。望之袒一肩、東南而去。追之數步不及。追至眞容院、見文殊普賢二像、帶其箭。靖乃悔泣、禮謝而去。

神英入法華寺傳◉◉唐神英、滄州韓氏子。丱歲得度、操越松筠、志奪金石。及壯、依南岳神會大師、咨出世道久之。一日會謂英曰、汝緣在北清涼聖地、好建法幢、勿滯此也。英承誨北遊。開元四年至臺山、憩華嚴寺。一日齋後、獨遊西林、披雲深入、忽覩一寺。額曰法華院。英既入循禮。中有多寶佛塔一座。珠玉爲飾。縹緲入雲。龕室鈴幢。不可稱數。光明四達。燒諸天香。後有仁王殿。黃金爲瓦。琉璃爲壁。棟梁椽柱。悉是異寶。中設文殊形像。目髮紺青。身紫金色。其諸法堂僧舍。窈窕深邃。莫能徧探。僧儀光偉。各默不語。英念欲依清衆修行。未知可否。叩問執事。執事可之。曰汝有衣鉢。可卽持來。英回取衣鉢。復尋其寺。了無所見。唯林木焉。英悲歎發願。誓終於此。遂於其處建法華院。今則破瓦頹垣。無復存者矣。

道義入金閣寺傳◉◉唐道義。江東人。受業衢州龍興寺。神清骨秀。風彩動人。開元二十四年。與杭州僧普守。同遊五臺。於清涼寺挂囊。二人同訪聖迹。東北行數里。道義自恨生逢季運。衆聖隱伏。唯此臺山靈迹不泯。故洪纖隱顯。咸露眞機。金相玉毫。每出常境。塵勞既重。永隔聖眞。如是思惟。忽增悲愴。遙空叩首。日夜忘疲。一心正念。物我兼忘。探尋數月。志行彌堅。二人同至南臺西北嶺畔。見一老僧。神彩嚴峻。鬢髮皓然。乘白象循嶺而來。二人避路稽首。象行如風。倏然而過。舉首杳然。莫知所向。適欲追尋、寒風驟起、歸宿淸涼寺。明日復尋嶺上、見乘象老僧拄杖而來、謂義曰、汝可急行、及中齋也。義叩首曰師欲何往。老僧曰太原韋尹家齋、汝勿遠去待回相邀。義禮起不及瞻、遂遠沒焉。義與伴至齋所、果預僧食。義竊驚怪謂伴曰、此事切勿輕泄。伴僧以爲山境變怪、亦不介意。二人徐出僧堂、經行林中、伴僧前行、義念老人所誨、徐行待之。忽見童子、黃衫麻履、自東林出。至道義前、合掌曰我名覺一、奉和尙命請衢州義闍黎喫茶。義欲呼伴、望之不見、遂隨童子、東北宛轉百餘步、忽見金橋、義卽隨登。舉首望之、大寺一區、三門、堂殿、僧舍、垣牆、普皆金色。中有飛閣三層、金鋑騰輝、眩神奪目。唯地乃碧琉璃成。義瞻仰不暇、六情眩亂、神志若失。卽起志誠、稱南無文殊師利菩薩、住心正念、神思乃定。卽隨童子入東廂第一院、見乘象老僧坐金繩牀、云闍黎來耶。義具威儀、禮畢、長跪不起。老僧命童子扶起、設小座令坐。義問訊曰、和尙赴齋、道路無難否。檀越至誠否。去路尙遙、還何速耶。老僧答曰、善哉闍黎、道路無難、檀越誠信、道本非遠、返亦無速。又問和尙常說何法敎人。答曰、春樹彌陀佛、秋花觀世音。又問，此中爲娑婆耶，是淨土乎。老僧以白拂，擊牀一下，云，闍黎會麼，義云，不會。老僧云，你不會的，爲娑婆耶，是淨土乎，義云，某甲適來遊山，唯見丘陵草樹，今見此處金玉樓臺，是以淨穢不決，聖凡莫辨。老僧曰，闍黎豈不見道，龍蛇混雜，凡聖同居，汝但分別見盡，聖凡安寄。言畢，童子卽將茶藥與義，啜，香美清奇，非世間味。食已，但覺諸根輕明，快樂無喻。茶畢，命童子引令參堂，歷十二院，及大食堂，徧觀聖衆，或論法義，或坐默然，威儀穆穆，望之儼然，曾不知幾百千衆。參畢，道義私念，同伴前去，不得參預聖會，出門欲招之。數步回首，卽失其境。悲號躃地，五內欲裂。伴僧尋至，詢之，具言所見，歎恨而歸。後人於此地建金閣寺焉。

李長者見聖授道傳◉◉唐長者李通玄，嘗遊五臺，於善住院，逢異僧，授以華嚴大旨。將晚，僧取別，長者曰，天色既暮，師欲何適。僧指北峯頂，其行飄然，若御風，長者追之不及。至夜，望峯頂，火光亙天，詢寺主，主以爲野燒。長者念異僧適彼，此必神光，非火也。卽曳杖而登，無敢隨者，至頂，見火更熾，周方里許，視其中，樹紫金幢，見先異僧坐其下、帝冠者、數百圍繞、梵音雄朗、其語難解。長者心念、設我投中、得覲聖者、燒身無憾。卽踊身投入、頓覺清涼、法喜無量。方趨前作禮、奄然忽空。長者卽於是處、一坐三日、而後下山。至西谷口、見數童子、眼光外射、天衣飄颻、乘風而過。長者稽首、童子曰、疇昔之夜、投身於吾師光中者、非子耶。長者曰、然、卽問曰、仁者師爲誰耶。童子曰、吾師妙德耳。長者欲挽衣隨之。童子曰、汝宿願弘經、何得忘卻、言已、杳然飛去。長者自念大士授旨、欲造論釋大經。見此地太寒、遂南徙盂陽之方山、鑿巖爲龕居之、造論。柏葉和棗作餅如錢、日食七枚、時稱棗柏大士。口出光以代燭、嘗感猛虎馱經、仙童汲水。論成四十卷、及決疑論、並行於世。開元二十八年春、於方山石室、禪寂而化。

法雲求慧傳◉◉唐法雲、雁門趙氏子、受質淳善、毀譽淡然。及就學、癡鈍無記。年十二、父母送禮五臺華嚴寺淨覺爲師、拾薪汲水、初不憚勞。年三十六、誦習未能、衆以其愚、呼爲牛雲。一日自恨愚質、久生何爲。時方大雪、跣足禮臺、一心持念文殊師利、願求大聖、開決心眼。如是而行、寒不知衣、食不知味、內不知身、外不知物、唯聖是求。

逢人卽問文殊住處。旣徧五峯・了無所見。至寺求食・其志增銳・如迷如醉・復至東臺・見老人曝火・卽叩問曰・大德文殊住何處。老人云・汝問他何爲。雲曰・我生愚鈍・乞爲開明。老人云・那羸顇百拙漢・汝不須見他。好雲以爲狂・遂趣北臺・旣至・見先老人擁雪而坐・心生希有・以爲眞文殊也。趣前叩首・以凍餒馳困・倒地不起・口吐血團，忽若夢寐。見先老人語曰・汝於往生・曾作法師・貪他利養・祕悋佛法・以是因緣・墮牛類中・愚無所知・償他宿債。持法力故・今得人身・復預僧數・慳法餘業・故無誦習。老人卽以鐵如意鉤斲出心藏・令其視之・宛若牛心。於天井洗蕩・復與安之・叱云・起起。於是忽醒・無所痛恙・偏體汗流・更覓老人・竟不復見。但見祥雲驟起・輭風拂衣・仰視天際・圓光若鏡・見先老人坐蓮華上・晃焉而沒。法雲從此往世所持經論・宛然記憶・如獲舊物。終身行道・如救頭然。一夕繞育王塔至三更・見白光如水・自北臺連接鷲峯中現天閣寶色燦爛・額曰善住。時開元二十三年春・辭衆而終。

法照入竹林寺傳◉◉唐釋法照・不知何許人。大曆二年・棲止衡州雲峯寺・勤修不懈。於僧堂內粥鉢中・忽睹五彩祥雲・雲內現山寺。寺之東北五十里已來・有山・山下有澗・澗北有石門。入可五里・有寺・金榜題云大聖竹林寺。雖目擊分明・而心懷隕穫。他日齋時・還於鉢中五色雲內・現其五臺諸寺。盡是金地・無有山林穢惡・純是池臺樓觀・衆寶莊嚴。文殊一萬聖衆而處其中。又現諸佛淨國。食畢方滅。心疑未決・歸院問僧還有曾遊五臺山已否。時有嘉延曇暉二師言曾到・言與鉢內所見一皆符合。然尚未得臺山消息。暨四年夏・於衡州湖東寺內有高樓臺・九旬起五會念佛道場。六月二日未時・遙見祥雲彌覆臺寺。雲中有諸樓閣・閣中有數梵僧・各長丈許・執錫行道。衡州舉郭咸見彌陀佛與文殊普賢一萬菩薩俱在此會・其身高大。見之者皆深泣血設禮・至酉方滅。照其日晚・於道場外遇一老人・告照云・師先發願往金色世界・奉覲大聖・今何不去。照怪而答曰・時難路艱・何可往也。老人言・但亟去・道路固無留難・言訖不見。照驚入道場・重發誠願・夏滿約往・前任是火聚冰河・終無退衄。至八月十三日・於南嶽與同志數人惠然肯來・果無沮礙。則五年四月五日到五臺縣・遙見佛光寺南數道白光六日到佛光寺果如鉢中所見略無差脫其夜四更見一道光從北山下來射照照忙入堂內乃問衆云此何祥也吉凶焉在有僧答言此大聖不思議光常答有緣照聞已卽具威儀尋光至寺東北五十里間果有山山下有澗澗北有一石門見二青衣可年八九歲顏貌端正立於門首一稱善財二曰難陀相見歡喜問訊設禮引照入門向北行五里已來見一金門樓漸至門所乃是一寺寺前有大金榜題曰大聖竹林寺一如鉢中所見者方圓可二十里一百二十院皆有寶塔莊嚴其地純是黃金流渠華樹充滿其中照入寺至講堂中見文殊在西普賢在東各據師子之座說法之音歷歷可聽文殊左右菩薩萬餘普賢亦無數菩薩圍繞照至二聖前作禮問言末代凡夫去聖時遙知識轉劣垢障尤深佛性無由顯現佛法浩瀚未審修行於何法門最爲其要唯願大聖斷我疑網文殊報言汝今念佛今正是時諸修行門無過念佛供養三寶福慧雙修此之二門最爲徑要所以者何我於過去劫中因觀佛故因念佛故因供養故今得一切種智是故一切諸法般若

波羅蜜・甚深禪定・乃至諸佛・皆從念佛而生。故知念佛・諸法之王・汝當常念無上法王・令無休息。照又問・當云何念。文殊言・此世界西有阿彌陀佛・彼佛願力不可思議・汝當繼念・令無間斷。命終之後・決定往生・永不退轉。說是語已・時二大聖各舒金手摩照頂・爲授記別。汝以念佛故・不久證無上正等菩提。若善男女等・願疾成佛者・無過念佛・則能速證無上菩提。語已・時二大聖・互說伽陀。照聞已・歡喜踊躍・疑網悉除・又更作禮。禮已合掌。文殊言・汝可往詣諸菩薩院・次第巡禮。受教已・次第瞻禮・遂至七寶果園・其果纔熟・其大如盌・便取食之。食已・身意泰然。造大聖前・作禮辭退。還見二青衣・送至門外。禮已・舉頭・遂失所在。倍增悲感。乃立石記・至今存焉。復至四月八日・於華嚴寺西樓下安止。洎十三日・照與五十餘僧・同往金剛窟・到無著見大聖處・虔心禮三十五佛名。照禮纔十徧・忽見其處・廣博嚴淨・琉璃宮殿・文殊普賢・一萬菩薩・及佛陀波利・居在一處。照見已・惟自慶喜・隨衆歸寺。其夜三更・於華嚴院西樓上・忽見寺東山半・有五聖燈・其大方尺餘。照呪言・請分百燈・歸一畔・便分如願。重謂分爲千炬、言訖便分千數、行行相對、徧於山半。又更獨詣金剛窟所、願見大聖。三更盡到、見梵僧稱是佛陀波利、引之入聖寺。語在覺護傳。（即佛陀波利傳）至十二月初、遂於華嚴寺華嚴院、入念佛道場、絕粒要期、誓生淨土。至於七日、初夜正念佛時、又見一梵僧入乎道場、告云、汝所見臺山境界、何故不說。言訖不見。照疑此僧、亦擬不說。翌日申時、正念誦次、又見一梵僧年可八十、乃語照曰、師所見臺山靈異、胡不流布、普示衆生、令使見聞發菩提心、獲大利樂乎。照曰、實無心祕蔽聖道、恐生疑謗、故所以不說。僧云、大聖文殊現在此山、尙招人謗、況汝所見境界。但使衆生見聞之者、發菩提心、作毒鼓緣耳。照聞斯語、便隨憶念錄之。時江東釋慧從、以大曆六年正月內、與華嚴寺崇暉明謙等三十餘人、隨照至金剛窟所、親示般若院立石標記。於時徒衆、誠心瞻仰、悲喜未已、遂聞鐘聲、其音雅亮、節解分明。衆皆聞之、驚異尤甚、驗乎所見不虛。故書於屋壁、普使見聞、同發勝心、共期佛慧。自後、照又依所見化竹林寺題額處、建寺一區、莊嚴精麗、便號竹林焉。又大曆十二年九月十三日、照與弟子八人、於東臺覩白光數四。次有異雲靉靆。雲開見五色通身光。光內有圓光紅色。文殊乘青毛師子。衆皆明見。乃霏微下雪。及五色圓光。徧於山谷。其同見弟子純一。惟秀。歸政。智遠。沙彌惟英。優婆塞張希俊等。照後篤犟其心。修鍊無曠。不知其終。絳州兵掾王士詹述聖寺記云。此傳因舊志所載失實。故錄高僧傳三集感通篇文。

三昧姑傳◉◉唐三昧姑。未詳所從。大曆間。居華嚴嶺。一坐靜室。七日乃起。故有三昧稱焉。能驅使鬼神。呼遣禽獸。穿林開道。以通四達。力洞無畏。其行如風。入雲代行乞。朝去暮歸。大開社火。廣濟饑寒。遊禮之人。由是浸廣。唯一粥釜。自把杓柄。人無多寡。悉令飽足而去。一日禪寂。不及把杓。粥食將盡。弟子白之。粥盡柰何。姑往攬之曰。孰道盡耶。粥復盈釜。常告遊禮者曰。諸人諸人。三界沈淪。可來此地作菩提因。厥後代牧以爲妖異。訪之。姑預誡徒衆。立化于石上。神火自焚。了無遺物。州牧歎息而歸。時貞元三年二月也。

道海設浴聖現傳◉◉宋至道間。眞容院僧道海者。結百僧會夏三月。諷華嚴四月八日・方為衆僧設浴・羣藥煑湯・好香熏室・巾單鮮潔・茶果清奇。先請座首耆年數人入浴。衆方解衣・忽聞揮洗聲・首座入視之・見多童子・色若金玉。座既怪且疑・問曰・爾何來耶。童子相顧而笑。座出・謂浴主曰・衆僧未浴・何處兒郎先入耶。浴主大驚・急入視之・但見光明滿室・異香凝結・更無人焉。乃知聖現・相與著衣禮誦・而後次第入浴・浴者皆得身心輕明・妙樂無喻・七日乃已。

衣蒲童子傳◉◉宋紹興間・太尉呂惠卿・學通內外・嘗注華嚴法界觀。及出新意解莊子。因視戎・乘輿遊五臺山・至中臺・忽雲霧四合・暴風雷雨・聲震林壑・從者驚悚潛伏。須臾有物・狀若蒼虬・半出雲霧間・太尉駭甚。移時稍霽・外望見一童子・體黑而被髮・以蒲自足纏至肩・袒右膊・手執梵夾。問太尉曰・官人何見而震駭如此。惠卿曰・夙有障緣・遇茲惡境・童子曰・今皆滅矣・官人何求而來。惠卿曰・願見大士文殊。童子曰・欲見菩薩何為。曰・嘗覽華嚴大教・旨深意廣・欲望大士發起解心・庶幾箋釋流行世間・使幽夜頓獲光明・大心者即得開悟。童子曰・諸佛妙意・善順事理・簡易明白・先德注意可解。如十地一品。釋文不過數紙。今時枝蔓。注近百卷。而聖意逾遠。眞所謂破碎大道也。惠卿曰。童子容貌若此。而敢呵譏前輩乎。童子笑曰。官人謬矣。此間一草一木。無非文殊境界。在汝日用。觸事不迷。此眞文殊耳。曷以凡情亂干思慮。惠卿忽醒。卽叩首。童子現大士形。跨金獅。隱隱沒於雲際。惠卿因模其所見衣蒲童子之像。傳於世。

楊準見神燈傳◉◉明萬曆丙午四月。神宮監太監楊準。奉使五頂進香。給散茶米。至龍泉關。卻騎徒步。誦消災呪一徧。卽以頭叩地作禮一拜。如是一呪一拜。行至金燈寺。雨雪交作。途路泥濘。誦呪叩頭。初無少怠。至南臺日暮。旋繞臺頂數十帀。率同行僧俗數人。於頂塔前禮三十五佛。於時夜景冥冥。羣峯黯黑。澗下一燈飛來懸空。對面久之。準長跪叩首。默禱曰。願今上聖主御體康和。萬安萬壽。聖母御體康和。萬安萬壽。天下太平。生民樂業。果如我願。燈必變多。才舉此念。所對一燈。分成十燈。俄爾之間。分十爲百。有頃分百爲千。衆禮佛。念至一切世間樂見上大精進佛。忽見千山草樹萬燈交照成光明網。準叩首血流。悲喜無量。忽生慚愧。曰。弟子殘形閹宦。少年愚戇。造罪尤多。近雖齋戒、禪慧未聞。罪垢凡庸耳。曷能感斯嘉應耶。此乃上賴聖母聖主。至誠不息。廣大無疆之德。乃有斯應也。況今明時。盛化。三教九流。士官百姓。率多奉佛持齋。凡一毫之善。皆歸聖主。蓋其風化有本故也。是以菩薩所示。自一燈分爲萬燈。故知萬燈咸歸一燈也。若如此者。顧燈光還收爲一。須臾漸收爲百爲十。乃至爲一。化爲一大圓光。光中隱然。現金色童子。跨青獅子。移時乃隱。

清涼山志卷第四終

音義

方廣 晉道猷。度石橋。入方廣寺。見僧如舊識。猷乞駐錫。僧曰。卻後十年。自當來此。及出。過十年。猷乃坐脫焉。

竹林 高齊僧無名。因事客僧病瘵。客感。邀遊竹林。名後與數人遊。至處。衆被田父逐退。唯名遇客引入。經宿出。即不見。

椶櫚 上音宗。下音閭。唐僧倩人擘樸入谷。人不索直。僧曰。採薪當來食。慎勿泄。人後告妻。遂啞。求食處亦失。

靈隱 高齊嵩禪。遊白鹿山。偶入一寺。額曰靈隱。堂空無人。俄爾衆自棟出。各言齋處。後出者曰。相州彼岸寺講會。少年多俊秀。難問鋒起。殊爲可觀。故致遲來。嵩欲敘話。人寺忽滅。

清涼山志卷第五

第七帝王崇建

粵稽法運之興衰。定藉明良援手。欲得剎竿之起倒。全憑檀護皈心。無憂王造八萬四千窣堵。震旦光流。南北朝頒三百八十龍章。御書閣建。皇恩始沛於漢朝。曠典尤隆於清代。寶珠金鉢。頒自九重。御筆宸章。垂於五頂。陛阤頹而靈應開。臺風雨剝而眞容易瓦。爰以獎緇流之演教。卽以錫黎庶之惠嘉。使人免蓋纏。家臻仁壽。五戒敷而鄉黨無犯罪之民。三多祝而朝廷致無爲之治。出世實通於入世。佛道有裨於王道也。志崇建。

昔如來以教法。幷弟子。累諸國王大臣。以爲外護。欲令法眼常存。僧行有賴。是以法運盛衰。係乎大力王臣。作不作耳。且以五臺觀之。自漢明肇化以來。聖主明王。代爲崇建。及至淸朝。御翰宸章。煥乎有文。豈非靈山付託有在耶。今略錄數條。且彰曼殊盛化。於淸則略加詳焉。以期鑑今而知古。由帝王崇奉而知佛恩之及人也。深且遠矣。其他備諸弘明集。金湯篇云。按大唐感通傳道宣律師嘗問諸天。佛法來此之始。及域內聖道場處。天名玄暢者答曰。周穆王時。已有聲教。及此清涼山者。曼殊所居。穆王於中造廟祀之。據此。周代世主。已有崇奉者矣。

列子仲尼篇云。商太宰問仲尼曰。夫子聖者歟。子曰。丘博學強識者也。聖則丘何敢。曰。三王聖者歟。子曰。三王善任智勇。聖則丘弗知。曰。五帝聖者歟。子曰。五帝善任仁義。聖則丘弗知。曰。三皇聖者歟。子曰。三皇善任因時。聖則丘弗知。太宰大駭曰。然則孰爲聖人乎。子曰。丘聞西方有聖人者。不治而不亂。不言而自信。不化而自行。蕩蕩乎民無能名焉。不知眞聖歟。眞不聖歟。鬳齋林公注曰。彼時已有佛教。及此。故夫子推之。不然。孰能加於五帝三皇之上。據此。玄暢之言信矣。宋爲商後。故稱宋爲商。

後。漢。明帝。永平十年。摩滕法蘭二尊者西至。以慧眼觀。清涼山乃文殊化宇。中有阿育王所置佛舍利塔。（阿育王。此云無憂。天竺鐵輪王也。能驅使鬼神。將佛舍利。造八萬四千塔藏之。散布閻浮。五臺山有一焉。）奏帝建寺。額曰大孚靈鷲寺。大孚弘信也。帝以始信佛化。故以名焉。（出感通傳）

元魏孝文帝再建大孚靈鷲寺。環帀鷲峯。置十二院。（今顯通寺。即善住院。菩薩頂。即眞容院。餘皆湮沒矣。）歲時香火遣官修敬。（華嚴疏備）

高齊建寺二百餘所。割八州稅。以充香火之需。

隋文帝開皇元年。下詔五頂各置寺一所。設文殊像。各度僧三人。令事焚修。（古傳）●十三年十二月。遣使至清涼山設齋。上自書疏曰。大隋皇帝佛弟子堅。敬白文殊大士。周武亂常。侮滅聖迹。致愚者無以開迷。智者無以入聖。朕往植善因。寄茲昌祚。起廢興殘。福資黎首。釋彼往愆。惟聖斯假。（觀皇記）

唐太宗貞觀二年。下詔五臺山等名山大剎聖道場處。修齋七日。其略曰。朕惟神道設教。慈悲爲先。玄化潛通。亭育資始。朕躬膺大寶。撫愛黎元。矜愍之心。觸類而長。是用旁求冥貺。幽贊明靈。所冀九功惟序。五福斯應。宜爲普天億兆。仰祈嘉祐。（辯正錄）●

九年十一月詔曰朕惟三乘結轍濟度爲先八正歸源慈悲爲主流智慧之海膏澤群生翦煩惱之林津梁品物任眞體道理叶至仁妙果勝因事符積善朕欽若金輪恭膺寶命至德之訓無遠不思大聖之規靡幽不察欲使人免蓋纏家臻仁壽比緣喪亂僧徒減少華臺寶殿窺戶無人紺髮青蓮櫛風沐雨眷言凋毀良用憮然凡天下名山佛刹宜度僧衆數以三千爲限代朕清修而五臺山者文殊閟宅萬聖幽栖境係太原實我祖宗植德之所尤當建寺度僧切宜祗畏是年臺山建寺十所度僧百數釋鑑

高宗顯慶元年五月勑有司天下僧尼有犯國法者以僧律治之不得與民同科是年十月勑有司五臺等聖道場地僧寺不得稅斂古史

則天武后長安二年后神遊五頂是歲勑幷州刺史重建清涼寺三年勑感法師率百餘僧詣山齋會緇素千人咸見五雲佛手天仙白鹿現於空冥杳靄之間州牧奏聞天后大悅封感公昌平開國公食邑一千戶住清涼寺三年勑琢玉文殊像遺大

夫魏元忠．送詣清涼寺。上自書疏云．朕曩承佛記．今握化寶．敢不恢弘至道．光闡大猷。但以萬機所係．未能親詣聖境．恭叩慈容．仰白文殊大師昭格。古傳

肅宗乾元元年．勅有司．五嶽并五臺各建寺一區．選高行沙門主之。釋史

代宗廣德元年十一月．土番陷京師．帝在華陰．文殊現形．以狄語授帝．及郭子儀克復京師．駕還長安．詔修五臺文殊殿．鑄銅爲瓦．造文殊像高一丈六尺．鍍金爲飾。釋鑑

德宗貞元十二年．上勅河東節度使李詵．進香于五臺文殊殿．上書延大華嚴寺觀法師入長安。觀國師傳 ● 是歲．西域南天竺烏茶國王．遣使進華嚴後分梵本入朝．兼賚奇香．御節往禮五頂．其辭略云．南天竺烏茶國深信最勝善逝法者．修行最勝大乘行者．吉祥自在師子王．稽首和南于大支那國五頂山中．曼殊室利摩訶菩提薩埵足下。伏願我此流通聖教．開化支那．功德因緣．惟聖證知．於當來世．得如善財．始見大聖．開法界眼．入普賢乘。觀國師外集

華嚴鈔云．大唐始太宗至德宗．凡九帝．莫不傾仰靈山．留神聖境．御札天衣．每光五

頂中使香藥不斷歲時至於百辟歸崇殊邦賷供不可悉記矣

宋太宗太平興國元年詔天下童子願出家者得度牒是年有詔五臺深林大谷禪侶幽棲盡蠲稅賦　二年上幸成都勅以金泥書經一藏畢勅中使送五臺菩薩院供養每歲度僧五十人令事清修（宋傳）　五年四月遣使蔡廷玉等詣臺山建寺勅河東路有司運給七年八月寺成賜額太平興國（宋傳）

眞宗景德四年勅五臺眞容院建重閣設文殊像綺煥殊麗映曜林谷賜額奉眞閣（宋清涼傳）

自太宗至仁宗三代聖主眷想靈峯流光五頂天書玉札凡三百八十軸恢隆佛化照曜林藪清涼之興于時爲盛（宋清涼傳）

元世祖至元元年詔曰朕眷仰靈峯大聖所宅淸修之士冥贊化機官民人等不得侵暴次年造經一藏勅送臺山善住院令僧披閱爲福邦民十二佛刹皆爲葺新（古傳）

成宗元貞二年帝幸臺山覩靈現有感勅建萬聖祐國寺

英宗至治二年帝幸臺山見文殊化身晃若臨鏡至王子寺有感勅重修葺是年復建普門寺。

按妙濟等傳所記止此然據五峯之間殘碑古鼎多是勅造則知歷代人主皆有崇建而諸史不錄故後世無聞焉。

明成祖永樂四年秋初上遣大智法王班丹札釋於西土迎葛哩麻尊者入京勅封大寶法王大善自在佛師性愛林泉不樂京師辭行上曰五臺深林幽谷萬聖所棲師可居之勅賜鑾輿旌幢傘蓋之儀遣使送至大顯通寺安置於是勅修育王所置佛舍利塔并顯通寺。十三年六月上制書於五臺妙覺圓通慧慈普應輔國顯教灌頂弘善西天佛子大國師釋迦也失曰相別遽爾數月想徒從已達臺山宴坐高峯神遊八極與文殊老人翺翔於大漠之鄉超然於萬化之始朕豈勝眷念薄賚瓜果以見所懷遺書悤悤故不多致。十五年秋上制書妙覺圓通國師曰秋風澄肅五臺早寒遠惟佛境清虛法體安泰今制袈裟禪衣遣使祇送以表朕懷後列異色衣八品。●十七年春上制書妙覺圓通國師曰自師西行忽見新歲使者還乃知履況安和適慰朕懷。茲以鍍金蓮座用表遠貺幷系之讚。讚不錄●十八年春上製五臺感應序曰朕惟佛道弘深廣大超出三界圓滿十方慈悲利濟普度羣生。然其要在於使人爲善去惡積福修因以共成佛道。朕閒嘗取佛經所載諸佛世尊如來菩薩尊者神僧名號編爲歌曲名經俾人諷誦歡喜讚歎功德之大不可涯涘。朕遣使賚歌曲名經往五臺散施。一至顯通寺卽有祥光煥發五色絢爛上燭霄漢衣被山谷彌滿流動朗耀日星久而不散。已而復有文殊菩薩乘獅子隱隱出雲際微露形迹。及雲收霧斂乃見獅子揚鬐吐舌奮臂振足騰躍鼓舞左顧右盼於山駐立。明日復有羅漢由華嚴嶺而來或五百或三百或一二百先後踵接聯翩翺翔。其間有頂經包者有拄錫者有裸體者有袒肩者有跣足者有跛躄而傴僂者衆至三千餘隱現出沒變化非常。于時四方來遊五臺者莫不頂禮讚歎以爲千載之希遇。大抵人之好善惟在於誠。誠則純一無妄貫徹內外足以通天地感鬼神貫金石孚豚魚雖極其幽遠無有不感通者。朕統臨天下。夙夜拳拳。以化民爲務。凡有所爲。一出於至誠。是以佛經所至。屢獲感通。觀於五臺之顯應。尤足徵矣。今特命工繪爲圖。且復爲歌曲以系之。善信之士。果能誠心向善。日積月累。念念不已。將見生享榮華。世臻福慶。沒則往生淨土。受諸快樂。苟爲褻瀆輕慢。不惟身受譴罰。殃及子孫。至于生生世世。永墮沈淪。不能消釋。嗚呼。作善獲福。爲惡召殃。徵之已往。具有明驗。故曰。積善之家必有餘慶。積不善之家。必有餘殃。又曰。作善降之百祥。作不善降之百殃。然則人之欲爲善以祈福壽者。可不勉哉。可不勉哉。●十九年夏。上制書妙覺圓通國師曰。朕惟大師覺行圓融。慈悲利濟。朕心瞻企。夙夜不忘。茲以歲序維新。特遣禪師板竹等視讚於朕。并以佛像等物來。鑑茲勤誠。良深嘉悅。今遣內官戴與等賚佛像等物。并致偈讚。用表朕懷。讚不錄

宣宗宣德二年夏。上制書妙覺圓通國師曰。朕惟佛氏。道體沖玄。德用神妙。厥大無外。厥高無等。歷代人主。罔不崇信。朕恭膺天命。主宰華夷。體祖宗一視同仁之心。隆

佛氏慈悲不二之教。追惟皇祖太宗文皇帝、皇考仁宗昭皇帝、鞠育深恩、如天罔極。欲舉薦揚之典、一念之誠、夙夜惓切。惟大師功行高潔、定慧圓明、朕切慕之。特遣太監侯顯賚書禮請、冀飛錫前來、敷揚寶範、廣闡能仁、以副朕誠。朕不勝瞻望之至。

英宗正統十年春既望、上造藏經、送安臺山普恩禪寺。有聖諭曰。朕體天地保民之心、恭承我皇曾祖考弘道之志、刊印大藏經典、頒賜天下、開覺生民、福資大業。茲以一藏靈文、送安普恩禪寺、永充供養。聽所在僧徒看誦讚揚、上爲國家祝釐、下與生民祈福、務須敬奉守護、不許泛常私借觀看、輕毀褻瀆、致有損失。違者究治。故諭。●

天順二年夏、上勅諭護持山西五臺顯通等寺曰、朕惟如來之教、清淨圓明、慈悲利濟、陰翊皇度、覺悟羣迷。自昔有國家者、皆遵崇其教、用廣仁化。矧五臺乃名勝之地、古剎所在。我朝嘗建顯通等寺、俾僧徒居住清修、上祝國釐、下祈民福、已有年矣。昨命僧錄覺義從鈴住持。率所在僧徒、自在修行。今特頒勅護持、凡本寺及合山諸寺、不許一應官員軍民人等侵擾、以沮壞其教、違者以法罪之、故諭。●是年夏、上又勅諭曰、朕惟佛氏之教、以空寂爲宗、以普度爲心。化民以善、覺物以眞。勿殺以崇仁、勿盜以崇義、勿淫以崇禮、勿迷以崇智、勿妄以崇信。使强不陵弱、大不虐小、各安其分、各遂其生、舉一世而同躋仁壽之域、其爲功德、豈不遠哉。今五臺新建寺、賜名圓照、聽從僧徒自在修行。所在官員軍民人等、不得侮慢欺陵、以沮其教。違者必罪無赦、故諭。●是年勑造五大藏經、安于五頂、各有勑旨護持、以充化寶、開覺生民。

憲宗成化七年夏、上勑諭五臺都綱司曰、朕觀釋教、古無官司、僧林穆穆、法化自淳。後世聖遠道衰、不循律軌、淫盜奸欺、靡所不至。故我聖祖不獲已設僧司、以治之、冀可復也。唯五臺者、乃國家資福之所、千巖萬壑、皆清行之棲。爾都綱司、宜衞護之、使修心之徒、安生得所。餘不法者、依律治之。毋得挾官虐衆、侵陵掊剋、以負朕意。違則罪之、欽此、故諭。●十七年、上爲聖母祈安、造鍍金文殊像、高一丈六寸、並畫佛百軸、香金五百兩、布帛千疋、念珠萬串、遣太監李珍、賫送臺山文殊寺供養、散施。上制聖諭曰、朕惟佛氏之教、道明一極、德化羣方。利兼自他、妙融空有。不言而民自信、不令而民自行。攝惡崇善・導迷返覺。其陰翊皇度之功・深矣。而五臺山者・大聖所宅・感應靈異・振耀今日・實我國家吉祥福地。今特遣官奉賫佛像供儀・詣山修敬・以表朕誠。爰祈海宇寧謐・母后萬齡・時熙民樂・同躋仁壽。刻之於珉・永示朕心。凡厥臣庶・咸體斯意・欽哉敬哉。●是年三月・聖母慈懿皇太后・勅造藏經佛像・幷旛幢金帛若干・遣官修敬・特頒懿旨護持。●是年六月・復勅諭五臺大文殊寺。朕惟佛氏以空寂爲宗・慈濟爲用・陰翊皇度・開覺生民・神化之功・幽明無閒。是以華夷愚智・家戶奉行・非勉之而然・乃自然也。其於治道・豈不裕哉。朕嗣位以來・至善之道・罔不思隆。今承皇考崇善保民之心・勅建五臺山文殊寺・僧二十名・月給糧六斗・命爾短竹斑丹禪師焚修。上祝國釐・下祈民福。一應官員軍民・不許侵暴・以沮其教。違者治之・故諭。●是月・

上復勅諭五臺山覺義定旺曰・朕惟佛氏之教・以一心爲宗・萬行爲用・德贊皇度・道善斯民。稽之前代・悉多尚之。逮我祖宗・興作彌勤・於五臺營建寺宇數區・實爲國家祈福之所。今特命爾都綱・以職焚修・尚宜丕振宗風・廣宣慈化・用副朝廷崇獎之意・

欽此，毋忽。

孝宗弘治十二年秋，上制疏，遣太監周輔，祭告五臺文殊大聖曰，朕惟佛道宏深，誠言明切，敎行中國，粵有歲年。唯此靈山，具聞顯迹。爰稱內典，景切朕懷。特遣內使遠中祭告，伏惟至聖，慧鑑衷誠，祚我邦家，永膺多福，謹告。

武宗正德二年秋，上勅建銅瓦殿，賜額廣宗寺，兼聖諭護持。●七年春，上勅梵僧朵而只堅，於中臺頂建寺一區，鑄鐵爲瓦，賜額曰演敎，幷勅旨護持。

自有佛法以來，聖主明王，代爲興建。護其敎，不啻若大寶。眷其徒，不啻若赤子。至我聖朝褒封勅諭，建立弘通，惓惓於佛道者勤矣。而吾徒果能體斯道而行之乎。如能行之，則卓然物表，不待護而存，不藉持而久矣。如不能行，雖龍章金劵，亦弗我護也。今觀臺山數刹勅諭，尙存早至寥落，豈非吾人不自護持耶。故曰，大明不能破長夜之昏，慈母不能保身後之子，可不勉哉。

朽庵曰，佛法不度無緣，國法能治有罪，古今之大義也。後之入清涼者，知此二法，畏敬奉行。則無咎而有緣矣。愼之愼之。

神宗萬曆七年勅建大寶塔記。曰。大明慈聖宣文明肅皇太后。囊承佛記。示御金輪。恆以護法善民爲心。海宇蒼生。餐和飲澤。陶沐玄化。復於都城內外建寺數區。飯僧數萬。至於梁河濟溺。錮逋賑貧。功德勝善。難以悉記。萬曆戊寅秋。建慈壽塔寺。告完。明年己卯春。復出饍羞之資。於五臺山建護國祐民釋迦文佛舍利寶塔。遣太監范江李友董其役。塔在鷲峯之前。羣山中央。基至黃泉。高二十一丈。圍二十五丈。狀如澡缾。上十三級。寶缾高一丈六尺。鍍金爲飾。覆盤圍七丈一尺。帀以垂帶。懸以金鈴。更造金銀寶玉等佛像。及諸雜寶。安置藏中。海內皇宗宰官士庶沙門。景仰慈化。造像書經。如雲而集。悉納藏中。十年壬午秋。工成。幷及寺宇佛殿經樓藏輪禪室。罔不備焉。永爲國家祝釐之所。功德勝事。光越千古。擇僧行圓廣授僧錄善世。以職焚修。特進光祿大夫左柱國太傅兼太子太師吏部尚書中極殿大學士張居正奉命撰碑文云。昔阿育王。獲佛舍利八萬四千顆。各建塔藏之。散布南洲。今五臺靈鷲前塔。

是其一也。我聖母慈聖宣文明肅皇太后・前欲刱寺於此・爲穆考薦福・今上祈儲・以道遠中止。遂于都城西建慈壽寺以當之・居正業已奉勅爲之記。顧我聖母至誠精虔・不忘始願。復遣尙衣監太監范江李友輩捐供奉餘貲往事莊嚴・勅建大塔院寺・幷護國祐民釋迦文佛舍利寶塔。工始七年九月・成于十年七月。所費金錢出自內帑。聖母復命臣記之。臣竊惟聖人之治天下・齊一幽明・兼綜道法・其粲然者在古先帝王・垂成憲著章程於世矣。乃有不言而信・不令而行・以慈蔭妙雲・覆涅槃海・饒益羣生・則大雄氏其人也。其敎以空爲宗・以慈爲用・以一性圓明・空不空爲如來藏。卽其說不易知・然以神力總持法界・撈漉沈淪・闡幽理賁明功・亦神道設敎者所不廢也。我聖母誕育皇上・爲億兆主・養成聖德・澤洽宇內・施及外方・日所出入・靡不懷服。至如寧靜以奠坤維・建梁以拯墊溺・儉素以式閫帷・慈惠以布恩德・含生之倫・有陰蒙其利而不知者。所種孰非福田・所證孰非菩提哉。乃益建勝因・廣貲冥福・託象敎以誘俗・乘般若以導迷・斯可謂獨持慈寶・默運化機者矣。先是虜酋俺答款關效貢・

請于海西、建寺、延僧奉佛、上可之、賜名曰仰華。至是、聞聖母作五臺寺、又欲領其衆、赴山進香。夫醜虜嗜殺、乃其天性、一旦革彼凶慝、懷我好音。臣以是益信佛氏之教有以陰翊皇度、而我聖母慈光所燭、無遠不被。其功德廣大、雖盡恆河沙數、不足以喻其少分也。乃拜手稽首、肅記歲月、系之以詞曰、於惟慈氏、闡教金庚、以般若智、濟度羣生。普天率土、莫非化城。法雲慧日、布濩流行。雁門之西、亦有靈鷲。七級浮屠、巋然特秀。阿育獲寶、散布緇流。南飛一粒、永鎮神州。塵劫幾更、山川不改。重建妙因、機如有待。惟我聖母、天篤慈仁。總持陰教、覆育蒸民。莊嚴寶剎、於茲靈壤。龍象巍巍、人天共仰。既右父母、亦右我皇。定命孔固、寢隆寢昌。臣庸作頌、億載垂光。●是年正月、上爲祈國儲、遣太監尤用張本、詣大塔院寺、修無遮齋七日。十二年、遣太監高勛王忠、詣山飯僧。●十三年、勅造大藏經、布諸天下名山、用充化寶、各有勅旨護持。五臺有二藏焉。●二十六年夏六月、遣御馬監太監王忠曹奉、於五頂幷獅子窩等處、修建弘福萬壽報國祐民吉祥大齋。於千佛澡浴池、設大施會、十方四衆、皆得飽滿。●

秋九月。遣官曹奉。賫白金一千兩。于獅子窩。修建洪福萬壽藏經樓閣。●二十七年春三月。遣御馬監太監王忠。賫送佛大藏經一藏。於獅子窩。幷賜寺額曰大護國文殊寺。皇帝勅曰。朕發誠心。印造佛大藏經。頒施在京。及天下名山寺院。供奉。經首護勅。已諭其由。爾住持及僧衆人等。務要虔潔。供安朝夕禮誦。保安眇躬康泰。宮壼肅清。懺已往愆尤。祈無疆壽福。民安國泰。天下太平。俾四海八方。同歸仁慈善教。朕成恭已無爲之治道焉。今特差內漢經廠掌壇御馬監太監王忠賫請一藏。前去五臺山獅子窩文殊寺供安。各宜仰體知悉。欽哉故諭。●夏五月。仍遣太監王忠賫送佛大藏經一藏。安於中臺。賜金泥水陸神像。於龍泉寺。復建萬聖閣。●夏六月。仍遣王忠賫一藏。安置北臺。●秋八月。遣官任徐楊趙何五人。於五頂作祝延聖壽道場。●冬十一月。遣官曹奉。懸長旛二首。於獅子窩。●二十八年夏四月。遣太監王忠賫送佛經三藏。安置。餘三臺普山飯僧。自是臺山欽賜藏經。凡有六藏。皆有聖諭護持。用充化寶。開覺生民。

清聖祖御製南臺普濟寺碑。南臺・世傳文殊示現之處也。臺當山之陽・地稍暄暖・金蓮・日菊・佛鉢之花生徧崖谷・若錦繡之相錯・故其峯曰錦繡之峯。峯有寺曰普濟・蓋宋所建云。佛氏之教・息心淨業・以獨善其身。而文殊所願在饒益衆生。布施以廣仁義・持戒以守信・忍辱以撝謙・精進以施敬・禪定以守靜・智慧以通理。其慈惠之心・有獨弘者。自漢以來・清涼之山・代有精舍。至宋之十寺・爲國祝釐・恆賜詔褒答・載籍傳之所從來久矣。山之僧棲巖飲澗・以自甘・惟守其師之說・以獨善其身。寺有圮者・力不能興葺也。朕登南臺・乃命復新普濟寺・以居僧徒之息心淨業者・俾祝釐。於是登臨者・覩象教之精嚴・慈惠之心・可以油然而生矣。

御製東臺望海寺碑。周官職方氏・掌天下之圖・辨九州之國・州表一山以爲鎭。躋其巔可以望海者・則揚之會稽・兗之岱・青之沂・幽之醫無閭・凡四山焉。惟岱距海較遠・登日觀・望扶桑・其岧嶤峻極・尤非他山可比也。五臺隸幷州・州境無海・而臺之東峯以望海名・蓋雲中上黨・晉地・踞天下之脊。山之麓既高・而臺之高復三十餘里・龍泉以東，岡巒陵阜，皆處其下。遠瞰滄瀛諸州，景光惝恍，儼若紫瀾浩淼，與青顥之氣混涵相接。記稱旭日方升，望大海若陂澤，信有以哉。臺有寺，榱棟桯桷，不蔽風雨。朕省方登此，命加修葺，復其初制。蓮臺法相，固極莊嚴。已四方之人，得於焉信宿，縱睇渤海之朝暾，以視夫岱宗日觀，又何多讓耶。遂礱片石，文以紀之。

御製中臺演教寺碑。五臺之山，高出雲代，然不與嶽鎮之列，山經，禹貢，以及道書所稱洞天福地，均莫之載。蓋自昔爲釋子所棲，故與峨眉，普陀號三靈山。之三山者，或在海上，或當巴蜀險遠之區。惟茲山峙神京之右，千里而近，宜登陟者較多焉。朕嘗覽觀載記，謂茲山東有離岳火珠，西有麗農瑤室，南有洞光珠樹，北有玉澗瓊枝，中峯則有自明之金環，光之璧，是靈秀所鍾，中臺爲尤異矣。臺高三十有九里，游者至是，必思憩息之地。此自唐以來，演教寺之所由建也。山峻多風，寺久傾圮，朕爰命工拓而新之。譬之於物，澤雉十步一啄，百步一飲，鵬之飛九萬里，而扶搖六月而息，其遠邇高下雖殊，方其息，自適之情則一也。朕之命新茲寺，亦欲登是山者，咸有自適之樂焉爾。

御製北臺靈應寺碑。清涼山。左鄰恆嶽。右接天池。環基五百餘里。五峯竦峙。而北臺為最高。歲癸亥二月。朕鑾輅西巡。登其層巘。雲氣生舄屨之下。開闔萬變。時春雪方霽。青霄夐絕。天風颯然。所謂身歷清淨之域。目睇澄鮮之境。心遊太古之地。盈縮造化。吐納顥氣。泠然善也。臺名叶斗峯。舊有靈應寺。丹青虧剝。宋廇攲傾。朕念衣緇之流。不外仁義以為教。故熙隆之代。亦所不廢。矧曼殊化宇。恆著感通。遠邇之人。蘄嚮久矣。爰命崇其陛戺。飾其題楶。土木瓦石。丹堊金碧之需。財自內出。不涉經費。工以傭給。役弗違農。是以工敏於事。而民若不知。秋八月告落成焉。董事之臣。請製文勒石以志之。用以上昭景福於慈闈。下廣惠嘉於兆庶。垂示於億萬斯年爾。

御製西臺法雷寺碑。朕聞鷲嶺蜂臺。不少水晶之域。鵠林鹿苑。恆開金粟之園。莫不獻露裛之千花。蔭春浮之雙樹。迺有龍湫抱鉢。偕猿鶴以高棲。燕子成龕。捫藤蘿而直上。況夫竺法蘭之初地。舊是花宮。勾龍爽之畫圖。羣推紫府。緗蓮照野。智炬長然。

青豆開房、精廬用結。西臺絕頂、有法雷寺焉。方廣化城、文殊密宇。琉璃布地、霄鄰挂月之峯。栲栳名山、磴轉干雲之石。仙人五百、青髻曾遊。沙界三千、玉毫盡徹。指修蛇之負壑、恆嶽匪遙。數歸雁之銜蘆、弁門在下。朕對清涼之勝景、招閶闔之長風。北瞻則畢月昴車、西顧則參旗井鉞。憫此伽藍久廢、飭其瓴甋重新。紺馬鉄衣、長轉相輪於雲表。桐魚茶版、仍流清響於山椒。庶使龍象行時、金閣遠符大曆。狻猊坐處、神光復現元和云爾。

御製菩薩頂大文殊院碑。夫坤輿九壤、厥有名區。方志所標、莫之勝紀。若其巒隴繇邈、巖岡崇阻、縈紆窈窕、悠然遠望、列峯競秀、壁立霞駁、不可殫視、則惟清涼山之五臺爲最勝。五臺並高數十里、如覆盂、如懸棧閣、如鶻摩天、如鼇脊出海、飛崿穹岫、飄渺超忽。而風高氣寒、土脈深阨、遠近如一。至夫鬱盤迴薄、斥爲廣衍之地、蘊眞萃異、信爲靈迹之所棲託者、惟臺懷爲最勝。臺懷居五臺之中、左襟右帶、前頫後仰、若在懷抱。其地陽陸平林、舊多梵刹。有菩薩頂文殊院者、相傳文殊示現於此。其殿廡尤莊嚴弘邃、殆福地之精藍、神坰之奧蹟也。我朝建鼎以來、歲有給賜、爲國祝釐。蓋其境域過清、不可以業四民。故於禪棲爲宜。雖寥迥深岨、介於無何有之鄉、巾瓶施乞、遠莫能致。然象教所感、伊蒲之供、率集於四方。居其地者、亦類能謹教律、嚴心行、致其潔虔、以一歸於慈氏之訓、庶克稱國家優厚之意焉。朕西巡駐蹕茲地、因劖詞於石、列之院中、以垂示無極云。

御製殊像寺碑、蓋惟清涼福地、拱紫塞以標靈。臺頂名山、矗蒼穹而聳秀。文殊飛錫之所夙號神皋。吉祥闡教之區、舊多精刹。況龕留古佛、爲法海之殊觀。壤接中臺、乃香林之勝境。創琳宮於自昔、葺紺宇以維新、茲殊像禪寺、開基臺畔、結宇山阿、谷邇鳳林、環千巖之紫翠。堂臨鹿苑、俯萬壑之煙霞。峯曰梵仙、望層巒於天際。泉稱般若、落清磵於雲中。殿有金容、因名殊像。天人肅穆、羣瞻龍象之尊。儀度莊嚴、共禮狻猊之座。青蓮妙相、琉璃光映於林端。碧樹幽棲、鐘磬聲聞於嶺外。迺以歲年歷久、陳迹都荒、風雨所摧、僧寮非舊。慨此丹楹畫壁、無非蛛網塵封。朕爲慈闈祝釐、故爾法駕戾止。憫茲頹廢。爰命締修。梵宇再興。唄筵如故。祇園金地。依然多寶之場。佛頂珠光。重現牟尼之瑞。招提既肅。緇衲咸歸。室可賴以安禪。用勵清修之衆。事有裨於勸俗。聿弘覺善之門。式勒貞珉。永垂奕禩。

御製碧山寺碑。原夫園成祇樹。聿標鷲嶺之奇。香滿栴檀。定據琳宮之勝。況山雄雲代。宇結清涼。文殊演教而開基。天龍八部。迦葉瞻容而頫首。螺髻千身。緊朔塞之名區。實梵王之法界。經馱白馬。覩貝畫之常新。地布黃金。喜舊林之重燦。茲碧山寺。棟構臺阿。翬飛巖畔。榜傳普濟。化城之玉碣猶存。谷號華嚴。德水之青蓮時現。銀龕珠洞。映三藏之神光。疊嶂層巒。萃五方之靈秀。浮煙罨翠。迴接蒼穹。含藹流清。傍分綠澗。荷羣峯之凝碧。繞丈室以增幽。雁塔崚嶒。朱夏帶陰山之雪。鶴林高下。白毫連紫極之雲。茲因歲月遷移。川陵委寂。禪枝忍草。侵榛蔓以交蕪。寶鐸雕甍。歷風霜而黯色。朕親來佛地。藉祝慈禧。爰整金繩。丕施珠網。啓琉璃之淨國。寶樹攢香。燦瓔珞之紅樓。曇花四照。相輪自備。巧傍新幡。丹鳳飛來。還棲舊刹。苾芻競集。弘參不二之宗。

象力攸崇。眾證無爲之果。用鐫貞石。永煥名山。

御製臺麓寺碑。朕惟道源普濟。金輪轉靈鷲之峯。象設莊嚴。蘭若啓閻浮之地。蓋振鐸聲於祇樹。教澤彌長。秀螺髻於蓮臺。拜瞻斯肅。況復文殊聖宅。遙連紫塞之煙雲。大士名區。近作神京之屏翰。五峯屹峙。千嶂迴環。三春開四照之花。長夏積經年之雪。緬此清涼之靈境。實爲萬聖之幽棲。若乃路入山隈。寺名臺麓。飄法幢於雲表。影拂虹霓。響清磬於林端。聲浮澗壑。維茲勝域。迥異恆規。朕永惟佛教之弘深。欲躋羣生於仁壽。巡行駐輦。式禮香林。仰祈嘉祉於慈幃。敬製金容於祕殿。出尚方之丹碧。選內府之香檀。刻鏤精工。集經營於匠氏。威儀豐約。裁尺度於朕心。妙相端凝。映雲霞而煥彩。粹容圓滿。偕日月以齊輝。瓔珞紛披。寶鏡照大千之界。蓮華璀璨。祥烟籠丈六之身。敬送臺山。奉安淨土。繡旛香輿。出鳳闕而西行。法鼓鯨鐘。望鴈門而賁止。遠近覩旌幢之盛。天人瞻龍象之儀。莫不注目竦觀。齋心稽首。講堂鈴鐸。傳唄唱於天風。畫栱琉璃。朗慧燈於長夜。繞徑挺菩提之樹。巡檐現優鉢之香。智海汪洋。川嶽益增其炳煥。慈雲瀰漫，草木咸載其光華。貝闕常新，琳宮日麗。嗣後六時禪誦，望寶筏以知歸。四遠緇流禮精藍而式化。宗風丕振，品類咸休。用勒貞珉，昭示無極。

御製羅睺寺碑。朕省方觀民，所過名山大川，壯觀勝蹟，與夫往聖先賢講學明道之地，心切向往，多所表章。而釋氏之宮，標靈顯異，所在多有，亦閒留題，以寄遐懷。嘗一再至五臺山，慨然於清涼眞境，如遊崆峒汾水之間。登眺五峯，俱賜匾額。維茲羅睺寺，其地近文殊現相處，其取義似皈依西方十六祖。創建自唐，顯迹於宋，續修於勝國賢藩。迨我先朝，曾闢院以供十方。暨朕躬亦嘗寵以翰墨。而日月既久，榱題傾圮，赤白漫漶。今住持僧元旦，復規而新之，加麗焉，夫浮屠義不三宿，則無地非桑下也。以無所住，爲常住也。亦何處不淸涼也。然其過化之所，往往留精舍焉，亦弟子職也。往聞羅睺擊鐘，集大眾以別聲聞。而宋丞相張商英嘗見神燈茲寺中。則今元旦之舉，於將廢也，鐘聲燈影，或者復聞聞而見見乎。因援筆而賜之記

御製湧泉寺碑。地湧璇源，山驛著醒心之號。天開金界，禪宮標盥掌之名。故鍊性高

僧、每棲眞於碧澗。而熏修淨侶、多遯迹於丹泉。用浣滌乎塵氛、乃流傳夫靈蹟。五臺山湧泉寺者、祇陀化域、震旦清都。宿歷井參、聳蓮華之五萼。山連恆岱、環柏谷以千盤。師利垂光、神燈燭夜。摩滕演教、仙梵飄空。陟中頂之岧嶤、指北巖而迤邐。路入清涼之谷、萬派跳珠。俗稱澡浴之池、一泓噀玉。神膏澤沸、金猊駐影而徘徊。細縠漪淪、香象陵波而蹴蹋。諸天擁護、四衆皈依。旣撥薜以披榛、遂結亭而甃石。雪竇寫空明之色、月林生定慧之香。朕以西巡、駕臨初地。喜清瀾之不竭、念聖境之未湮。爰發帑金、式扶象教。揭獅堂以纓壑、紺碧重新。翼鴈舍以連霄、烟嵐增煥。雖慈恩廣大、千江共印圓輝。而誠愫感通、一勺亦沾法乳。珠旛寶網、無雲不現吉祥。粥鼓齋鐘、是水皆分功德。緜靈長於億載、甘露恆滋。普福利於羣生、祥河永濟。泐諸貞石、昭示來茲。

御製廣宗寺碑。蓋聞教闡浮提、資神功於廣運。理融淨域、表大義於正宗。山號清涼、藏名歡喜。覽勝則鴈門紫塞、標奇則鹿苑珠林。式承由舊之規、宜示維新之象。廣宗寺者、幽棲妙境、禪悅精藍。泉飛猊座之旁、塔湧鷲峯之半。當其開基曩代、鑿石成龕。

架宇虛巖。範銅爲瓦。大孚金像。儼然分照十方。小朵天城。久矣齊稱五佛。屬星霜之流易。致風雨之漂搖。朕法駕時巡。祇園涖止。特頒金帑。再飾寶坊。畫棟於以重輝。雲楣因茲永煥。風旛高卓。偕鐵鳳以翱翔。月鏡長圓。並金羊而焜燿。種福田於福地。事重祝釐。宣梵唄於梵天。意兼勸俗。庶幾宏敷廣席。徹權實之指歸。丕振宗傳。識源流之派別云爾。

御製顯通寺碑。山分五頂。亙右輔之雄區。地接三霄。顯西方之化域。惟大士棲眞之所。高揭獅牀。爲竺蘭演教之場。羣標鴈舍。靡不矗瓊梯於碧漢。耀琳宇於丹巖。茲顯通寺者。創自永平。闢大孚之靈蹟。拓於元魏。增善住之崇基。唐宗始易前稱。勝代再頒嘉號。玉花園畔。紺雨繽紛。甘露津邊。璇源滴瀝。神燈煥彩。散列巘以千星。飛閣翔空。絢明霞於萬疊。洵臺懷之上剎。恆朔之名藍也。朕駕鑾輅以時巡。望鷲峯而企嚮。身雲忽湧。陟初地之清涼。心月常圓。燭慧光之鴻朗。特捐淨施。香界重開。聿改舊觀。爰修倍肅。石上辟支現影。顯示吉祥。函中舍利升輝。盡生歡喜。葳蕤紫菌。宛同四照交枝曲折紅泉。即是八功衍派。上以繇慈闈之景筭壽岳彌崇。下以錫兆姓之繁禧。祥河普潤。爰鐫片碣。用詔來茲。

御製棲賢寺碑。蓋惟鷲嶺西來。西土旋移樂土。鳳林東望。東臺即是春臺。漸近神京。雲湧一峯獨秀。迴翔震旦。蓮開五朵齊明。谷鋪錦繡之花。輝連忍草。溝注清涼之水。法具慈航。名高選佛之場。眺瀛州而若鏡。迹表棲賢之社。探石洞以如霞。儼然證道之區。允矣降眞之所。昔者大士。於此現身。早證圓通。闡從聞思修之教。顯標眞實。偕隨聲應感之緣。曾爲七佛之師。化宣累劫。今作十方之主。澤普羣生。幸茲常喜之國都。瞻禮妙德之相好。出緡錢於內帑。香火頻仍。啓傑構於靈山。莊嚴斯在。祇園遐敞。地分五百坤輿。寶座一乘。光徧三千世界。禪枝影靜。願風雨之調均。覺海波澄。信金湯之擁護。祝慈有慶。九天之壽域長新。繇祚無疆。兆姓之福田永賴。爰鐫貞石。託記載於斯文。抒寫至懷。俾昭垂於來許。

御製菩薩頂眞容院碑。碧落千尋。浮法雲於五髻。紺宮百疊。湧慧日於一螺。摩滕天眼之所憑。阿育神光之所攝。譬諸木金水火。行配土而居中。岱霍華恆。岳得嵩而峻極。洵祇林之勝概。梵界之偉觀矣。茲菩薩頂寺者。區包靈迹。閣貯眞容。默贊化機。初布貞觀璽詔。顯資治理。載新景德豐碑。瑞像現於毫端。金繩拓於覺路。羣龍北向。樓臺當地脈之中。雙練南飛。鐘磬隔烟波之外。基緣闢而加廣。殿以配而彌尊。栴檀與婆律同熏。薝蔔共優曇並馥。結大士跏趺之坐。峯擁蓮華。登普賢般若之臺。河呈香象。百千賢劫。俱歸不二法門。萬億人天。各證前三妙諦。從此招提永煥。欄楯重開。臨列障以標奇。冠諸方而首出。用銘貞石。作鎮名山。

御製白雲寺碑

三明闡教。弘塵海之津梁。八正開宗。示靈山之門閾。白雲寺者。五臺之接待院也。面臨逵道。已饒林麓之觀。後枕巖椒。即是烟霞之宅。乍棼絲而出岫。紺馬羣翔。俄散綺以盈川。玉毫同色。縈青繚白。朝暮皆宜。罨翠浮嵐。陰晴互換。松寮爽塏。霏香靄於諸天。蓮社蕭閑。隔氛埃於下界。聖眞茲焉顯化。開士託以潛棲。溯厥由來。亦云舊矣。然而法輪未建。祕境猶湮。階繡苔錢。難覓雀離之舍。壁留蝸篆。莫瞻螺髻之容。惟洪構之有期。信勝因之不昧。朕旁蒐竺典。結念名區。特頒內府之金鏐。用飾上方之象。設天龍八部。齊拱齋筵。鐘板六時。共修禪誦。刹竿高峙。風琴動而月鏡升。梵宇長新。意蕊飛而心燈炳。冀願船之普濟。道在弘慈。庶覺路之咸登。義存廣善云爾。

有清諸帝。悉信佛法。其悟入最深者。唯世宗雍正爲第一。不但在清爲第一。自大法東來。皇帝中頗有修持嚴密。悟入深遠者。于中當以清世宗爲宗說皆通之第一人。具眼者觀其著作。自可知此語不妄也。清廷發源關東。注重喇嘛。世祖入關登極後。屢令喇嘛。啓建護國祐民道場。于順治十二年。十四年。各派數十喇嘛往五臺山。啓建護國祐民道場。十八年。特命阿王老藏喇嘛。住持五臺山眞容院。督理番漢僧衆。至聖祖康熙二十三年以後。天下太平。國家富裕。或隔一二年往五臺山一次。或每年一次。由京至山。凡用饍住宿之處。各建行宮。而大者有三。一在眞定府。一在南臺下。一在臺懷。各大寺均有宴坐之所。于各寺院。或賜匾額。或賜詩文。或特加修葺。爲製碑記。御書宸翰。及頒賜珍物。多難悉錄。今但錄聖祖御製碑文十六道。以示其概。至高宗乾隆之世亦然。仁宗嘉慶初一至五臺。此後國運日衰。不復再去。所有行宮。通皆坍塌淨盡。鞠爲叢林茂草矣。然文殊所住眞常寂滅之境。不以世諦建設頽敗而爲興衰。衆生觸目明心之機。或因世相變遷。悟得自心本無生滅。或由道場莊嚴。悟得自心圓具萬德。山河大地。明暗色空。無非毗盧遮那淸淨妙土。實爲文殊菩薩常住道場。願有心者。咸注意焉。

清涼山志卷第五終

附錄慈雲大師寫彌陀經正信發願偈

稽首十方佛・彌陀聖中尊・方等修多羅・一切法寶藏・觀音及勢至・大地菩薩僧。我以誠信心・刻板幷印造・阿彌陀經卷・及以正信偈。旋造各一萬・施四衆受持・偈以發信心・經以資讀誦。若有每日中・至少誦三卷・年誦千八十・十年萬八百。況復多誦者・及歷多年數・如是積功德・自然生佛前。我此萬卷經・隨所流布處・極少得一人・誦持生淨土。我願承此力・決定生彼國。況復於多人・人亡經復在・展轉相傳授・是名無盡燈。燈燈相照耀・破生死長夜・顯出佛菩提・究竟悉同生・常寂光淨土。持此淸淨福・迴向奉君親・我國聖帝王・及聖后聖位・仁壽各萬年・覆育羣氓類。我父母眷屬・怨親非怨親・咸承勝善根・同生安養國。

清涼山志卷第六 名公外護目錄

第八名公外護

遊心奧義。助闡發於靈山。染指正因。喻微淵於法海。調御有末後之囑。非王臣何以作金湯。毗耶垂向上之機。惟曼殊爲能臻閫域。矧茲入人心者最深。紫陽發其異議。感神化者至速。天覺著以鴻篇。所以聖像或沈或浮。泥宿雲翔隨時節。金燈忽隱忽現。輪旋泉湧驗感通。振法運於欲墜。儼然未散拈華。蕩魔力於繁興。宛爾

從空奮杵志外護

愚謂外護云者，自古名公大儒，向慕此道者，必能屏蔽此教也。若漢之牟子，吳之闞澤，晉之謝安王珉桓伊，隋之王通李士謙，唐之房玄齡蕭瑀房融段成式裴休，至於有宋，斯為盛焉，一時賢相名流，若王旦呂蒙正范仲淹純仁文彥博富弼趙抃張方平楊億陳瓘蘇軾蘇轍張商英黃庭堅，莫不以霑濡佛法，發而為勳業文章。朱晦庵云，佛氏之教，其入人心也易矣，無賢愚貴賤，悉爭尊奉之，才智愈高而陷溺愈深，吾人家住，尚不能回妻子之心，況身後耶，況他人耶。即晦庵此言，足見佛法廣大，斷非褊小之理學，能以門戶之見，抗拒而阻遏之者。朱子自忘固陋，反以為人心陷溺，獨不思已所私淑者，為二程，二程所從學者，為周茂叔，茂叔所由得窺心性之學者，以從東林壽涯二禪師遊，朱子竟數典忘祖也。而同時之陸象山，後此之王陽明，見道迥出朱子之上，正以能精深佛理，故能光大儒宗，足證佛道乃聖賢大休歇處，而造極之也。今略錄有關于清涼山者一二、其他備諸弘明集、傳燈錄云。

士衡陶侃傳◉◉東晉陶侃、字士衡、嘗夢五臺僧從乞。及建旟南海、漁人每夕見海濱光流數丈、因以白。侃遣人攎之、俄而金像陵波而起、舉之上船、座下銘阿育王所造文殊菩薩像。梵書云昔育王既統閻浮、斆鬼王制獄、恐酷毒不甚。文殊現處鑊中、火滅湯冷生青蓮華。獄卒白王、王心感悟、卽日毀獄、造八萬四千塔、並聖像散布天下、此其一也。初侃未能深信佛法、覩此嘉應、乃傾心焉。安置武昌寒溪寺、後欲遷荊州、百夫不移、乃休。沙門慧遠、迎入廬山、舉之飄然、了無艱險。斯卽聖靈感應、唯其人乎。故諺有之曰、陶惟劍雄、像以神標。雲翔泥宿、邈乎遙遙。

相國裴休傳◉◉唐相國裴休、字公美、河東人。出入百氏之學、以儒業干爵。參黃檗禪、飽圭峯教、隱淪金馬、默契無生。公幼時嘗值異僧云、清涼來貽舍利三顆、並一偈乃竺書、人無識者、置之笥中。出仕後見黃檗圭峯、栖心佛道、不樂世位、志脫塵網。一日揀故紙、忽得昔偈、呈于圭峯。峯令梵僧譯出、成一偈曰、大士涉俗、小士居眞、欲求佛道。豈離紅塵。公閱偈竊喜。遂不棄祿。爲道日切。嘗序圓覺云。血氣之屬必有知。凡有知者必同體。所謂眞淨明妙虛徹靈通。卓然而獨存者也。其見諦雄論皆如此。廣德間上命河東節度使李詵。詣五臺請觀國師入京。詵既至京。裴公問曰。清涼之遊樂乎。詵曰。風沙紫塞。何樂之有。且吾遭禪家虛誕之累矣。吾聞清涼山文殊聖者所居。其地風火不躋至其處者熱惱蠲除。某五月至彼。猛風摧浮屠。僕兒患熱死。而山僧每毆打諍訟。其過不可勝舉。安在其清涼無惱耶。公曰。甚矣。子之謬也。子持熱惱之心。欲入清涼之界者。猶披麻而度火。欲其不燒。豈可得乎。夫清涼界者。初非有外也。不離當處。物莫能閒。無寒無暑。匪形匪礙。風吹不入。雨灑不溼。覰之者眼瞎。聽之者耳塞。故劫火不能燒。毗嵐莫能壞。無熱無災。是之謂清涼界。實非分別思量可能入也。子持有心而入。大似蚊子丁鐵牛。蒼蠅投火聚。不亦悲夫。曰。還許文殊入否。答曰。文殊者大智也。智之大者。到彼岸證離心念之妙智。唯離念之智。斯可以入矣。謂大智光明。卽清涼。不變清涼不變。卽大智光明。非二物也。子今欲入者。當離心意識。

絕修證路、勿以眼入、乃至勿以意入。以無生入、無相入、無我入、無人入、無一入、無多入、無閒入、無入入。如是入者、撈透銀山、衝開鐵壁、偷心死盡、求箇入的人、了不可得。到此、方知舊來清涼、非今始入也。詵曰、今聞子言、頓覺清涼矣、謝而退。

丞相張商英傳◉◉宋無盡居士張商英、元祐丁卯春、夢遊五臺金剛窟、平生耳目所不接、想慮所不到、覺而異之。時爲開封府推官、以告同舍郎林中、林中戲曰、天覺其帥幷閒乎。後五月、無盡除河東提點刑獄公事。林中曰、前夢已驗、人事預定、何可逃也。勉矣行焉。八月至郡、十一月、卽詣金剛窟、驗所見者、皆與夢合、但會天寒、恐冰雪封途、一宿遂出。明年戊辰夏、五臺縣有羣盜未獲、以職事督捕、盡室齋戒、來遊。六月廿七日壬寅、至清涼山、清涼主僧曰、此去金閣寺三里、往歲崔提舉嘗於此見南臺金橋圓光。商英默念、崔何人哉、予何人哉。既抵金閣、日將夕、山林漠然、無寸靄。僧正省奇來謁、卽三門見之、坐未定、南臺之側、有白雲綿密、如敷白氈。省奇曰、此祥雲也、不易得。集衆僧禮誦、願早見光相。商英易公裳、焚香再拜、一拜未起、已見金橋及金色相輪。輪內深紺青色。無盡猶疑。欲落之日。射雲而成。旣暝。有霞光三道直起。則所疑自釋。癸卯至眞容院。止清輝閣。北臺在左。東臺在前。直對龍山。下枕金界溪。北浴室之後。則文殊所化宅也。金界之上。則羅睺足迹堂也。知客僧曰。此處亦有聖燈。舊有浙僧請之。飛現闌干之上。無盡遂稽首敬禱。酉後。龍山現黃金寶階。戌初。北山有大火炬。僧曰。聖燈也。瞻拜之次。又現一燈。良久。東臺龍山羅睺殿左右。各現一燈。浴室之後現大光二。如掣電。金界南溪上。現二燈。亥後。商英俯視溪上持燈者。其形人也。因念曰。豈寺僧設此大炬以見欺耶。是時僧已寢。卽遣使王班秦愿等排門詰問。僧答曰。山有狼虎。彼處無人。亦無人居。商英始決。又覩燈光忽大忽小。忽赤忽白。忽黃忽碧。忽分忽合。照曜林木。卽默省曰。此三昧火也。俗謂之燈耳。乃跪啓曰。聖境殊勝。非我見聞凡夫識界有所限隔。若非人間燈者。願至我前。如是十請。溪上之燈忽如紅日浴海。騰空而上。放大光明。漸至閣前。其光收斂。如大青喙銜圓火珠。商英徧體森颯。若沃冰雪。卽啓曰。疑心已斷。言已。復歸本處。光滿溪上。愿等自旁見之。如金色身屈曲而上。妻孥所見。又異於是。有白領而紫袍者。螺髻而跏趺者。仗劍者。戴角潜老僧曰。此金毛獅子。及天龍八部也。良久北山雲起。於白雲中現大寶燈。白雲既收。復現大白圓相。如明月輪。甲辰。至東臺。五色祥雲現。白圓光從地湧起。如車輪百旋。商英以偈讚曰。雲帖西山日出東。一輪明相現雲中。修行莫道無撈摸。只恐修行落斷空。說是偈已。大風忽起。雲霧奔蒸。如欲傾崖裂壑。主臺僧曰。巡檢下兵持肉燒煑。今不可禁。願來日屏去。七月乙巳。謝巡檢兵甲。沈幣于北臺。晚休于中臺。大風不止。四山昏晦。晉等失色。臺側有古佛殿。商英令灑掃。攜家屬祈禮。所與俱者。晉及臺主二人。蒼頭四人。北陟數步。中臺之頂。已有祥雲五色紛郁。俄而西北隅開朗。布碧琉璃世界。現萬菩薩隊仗。寶樓。寶殿。寶山。寶林。寶幢。寶蓋。寶臺。寶座。天王。羅漢。獅子。香象。森羅布濩。不可名狀。又於眞容殿上。現紫芝寶蓋。曲柄悠揚。文殊師利菩薩。騎獅子。復有七八尊者。升降遊戲。左右俯仰。臺主戲曰。本臺行者十九年。未嘗見一光一相。願假福力。呼而見之。既呼行者。則從兵有潛隨竊見者矣。日漸暝。北臺畔。有紅炬起。商英問愿曰、此處有何人燒火。愿以問晉、晉以問臺主、主曰、彼頑崖巨石、且大風鼓山、何火可停、必聖燈也。瞻禮之次、現二金燈、隔谷現一銀燈、如爛銀色。適會沿邊安撫郭宗顏、遣人馳柬來。商英指燈示之曰、汝見否。曰、見。曰、爲我謝安撫。方瞻禮聖燈、大風不可秉燭、未及答柬。於是再拜敬請、願現我前。先西後東、一一如請。未後西下一燈、於紺碧輪中、放大光明而來。東西二燈、一時俱至。自北臺至中臺十里、指顧之間、在百步內。遠則光芒、近則收攝。猶如白玉琢大寶盌、內貯火珠、明潤一色。拜起之際、復歸本所。于時臺上之人、生希有想、慇懃再請、連珠復至。夜漏將盡、寒凍徹骨、拜辭下山、東燈即沒、二燈漸暗。商英曰、雖已奉辭、瞻仰之心、何時暫釋。發是語已、於一紺輪中、三燈齊現、如東方心宿。紺輪之外、紅焰滿山。是夕大風、達丙午昏霾亦然。商英自謂曰、昨夜中臺所見殊勝如此、今日當往西臺、菩薩豈違我哉。行至香山、則慶雲已罩臺頂。沈幣已、所見如初、但無琉璃世界耳。遂遊玉華壽寧寺、還眞容院。郭宗顏、及代州通判吳君偁、五臺知縣張之才、都巡檢使劉進、保甲司勾當公事陳聿各以職事來集。商英以所見告之。雖人人稱歎不已。未及親見也。是夕。清輝閣前再現金燈如初。遣人白郭吳等五人同觀。浴室後松上。忽現羣燈如連珠。諸君各叩額再拜。頃之光隱。衆散。羅睺殿側。現大白光如流星。唯浴室後之松林。白氣朦朧。過夜分乃息。丁卯。郭吳按東寨。張之才還北。天色亦大昏霾。商英與陳聿及興善監鎮曹譖。晚登梵仙山。譖曰。昨夕聞金燈現。竊於公宇後見之。聿問曰。君所見處所安在。譖曰。在空中。聿曰。聖哉。聖哉。聿自高而視。若在谿上。君自下而視。若在空中。商英自以累日所求。無不響應。因大言曰。爲二君請五色祥雲。即起更衣再拜默禱。俄而西南隅天色虛朗。慶雲絪縕。紫氣盤繞。商英曰。紫氣之下。必有聖賢。請二君虔肅。當現靈迹。良久。宮殿樓閣。諸菩薩衆。化現出沒。商英啓曰。願現隊仗。使二人見。言訖。歘然布列。二君嗟歎不已。既暮欲去。眴視之際。失其所在。二君曰。聖哉聖哉。若假雲氣而現者。當隱隱沈滅。豈遽然無蹤也哉。其夕復止清輝閣。念言翌日出山。寶燈其爲我復現乎。抽扃啓扉。則金界南谿上。已現大炬。浴室後三燈。東西相貫。起於松梢。合爲一燈。光明照耀。苒苒由東麓而南行。及於林盡溪磧之上。放大白光。非雲非霧。良久光中現兩寶燈。一燈南飛。與金界溪上四燈會集。而羅睺足迹殿。及龍山之側。南燈一時同現。商英卽發願言。我若於過去世。是文殊師利眷屬者。願益現希奇之相。言訖。兩燈揮躍交舞。數四。商英覩是事已。發大誓願。期盡此形。衞護佛法。所有邪淫殺生。妄語倒見。及諸惡念。永滅不生。一念若差。願在在處處菩薩監護。於是南北兩燈。黃光白燄。前昂後嚲。騰空至前。爾時中夜。各復本處。是日也。商英先至羅睺足迹殿。見其屋宇摧弊。念欲他日完之。其夜足迹殿所見燈光異。卽以錢三萬付僧正省奇修建。戊申至佛光寺。主僧紹同曰。此解脫禪師道場也。碑與龕存。因閱碑中所載。解脫自解脫。文殊自文殊之語。喟然歎曰。眞丈夫也。以偈讚曰。聖凡路上絕纖痕。解脫文殊各自論。東土西方無著處。佛光山下一龕存。日已夕。見寺前慶雲紫潤成蕊。問同曰。此寺頗有靈迹否。何因何緣。見此瑞氣。同曰。聞皇祐中嘗有聖燈。商英曰。審有之。必如我請。問其方。曰南嶺。昏夜敬請。嶺中果現銀燈一。金燈二。但比之眞容院所現少差。其已酉、至祕魔巖、未至之十里、自臺有白氣一道、直貫巖頭、巖前恍若文殊乘金獅子現。既至巖前、則天色晦昧、殊失所望。有代州圓果院僧繼哲結廬於山之陽、閱大藏經不下山三年矣。卽詣其廬問以居山之久。頗有見否。哲曰三年前巖上門開、有褐衣黃衣紫衣三僧、倚門而立、久之復閉。又巖間有聖燈、哲聞而未之見也。哲乃曰、天色若此、貧道住庵、無狀致公、空來空去、雖然願得一篇以耀巖穴。遂拂壁寫一偈云、閱盡龍宮五百函、三年不下祕魔巖。須知別有安身處、脫卻娘生鶻臭衫。寫偈已、出庵、望見巖口有金色祥雲、光彩奪目、菩薩乘青毛獅子、恍焉入於雲間、若激電然。商英曰、今夕大有勝事、必不空來也。巖崖百仞、嵯峨壁立、率妻奴東向望崖再拜、敬請。逡巡、兩金燈現於赤壁間、呼主僧周同視之。夜漏初下、從兵未寢、舉家歡呼、人人仰見、凡七現而隱。周曰、聖境獨爲公現、豈與吏卒共耶、幸少需之。人定、周來白曰、左右睡矣、可再請也。商英更衣叩請、忽於崖左見等身白光、菩薩現於光中、如是三現。商英得未曾有、發大誓願、如前唱曰、我若於往昔、眞是菩薩眷屬者、更乞現殊異之相。言訖。兩大金燈照耀崖石。商英又曰。若菩薩以像季之法。付囑商英護持者。願愈更示現。言已。放兩道光。如閃電。一大金燈。耀於崖前。流至松杪。於是十寺主僧。及其徒衆。確請曰。謹按華嚴經云。東北方有處。名清涼山。從昔已來。諸菩薩衆。於中止住。現有菩薩。名文殊師利。與其眷屬諸菩薩衆。一萬人俱。常爲說法。卽我山中。衆聖遊止。不知過去幾千劫矣。自漢明帝。元魏。高齊。隋唐。至五代。歷朝興建。有侈無陋。我太宗皇帝。旣平劉氏。卽下有司。蠲放臺山寺院租稅。厥後四朝。亦罔不先志之。比因邊倅。議括曠土。故我聖境山林。爲土兵所有。開畬斬伐。發露龍神之窟宅。我等寺宇十殘八九。僧衆乞丐散之四方。則我師文殊之教。不久磨滅。今公於我師。有大因緣。見是希有之相。公當爲文。若記以傳信於天下。俾後世之人。以承菩薩所以付囑之意。商英曰。懇哉言乎。人之所以爲人者。目之於色。耳之於聲。鼻之於香。舌之於味。身之於觸。意之於法。不出是六者。今乃師之書曰。色而非色。聲而非聲。香而非香。味而非味。觸而非觸。法而非法。則迥脫乎見覺聞知之表。其膠聲固色。區宇世相之徒。不以爲妖則怪矣。且吾止欲自信而已。安能信之天下後世耶。已而郭宗顏。吳君偁。以書來言曰。假公之力。獲覩盛事。自昔傳聞。而未之見。今皆驗矣。宜有記述。以信後人。商英三思曰。以聖語凡。以寂語喧。以妙語粗。以智語愚。以眞語妄。以悟語迷。眇域不相知。分齊不相及。譬之阿修羅王。手撼須彌山。而螻蟻不能舉一芥。迦樓羅王。七日徧四天下。而蟭螟不能飛尋丈。商英非不願書。懼言之無益也。宗顏曰。公如言之。使天下後世。知大聖之所寓。歸仰企慕。漸以覺乎長夜之迷。其益大矣。公必懼謗而不言。是自私者所好。非大士所以冥託之意也。且公今欲避謗。而自私乎。欲作利益於天下後世乎。苟能傳百而信一。則傳千而信十。傳萬而信百矣。百人信之。一人行之。猶足以破邪宗。扶正法。況百人能行之乎。商英曰。善哉喻乎。吾一語涉妄。百千億劫。淪於惡趣。謹書之。以附清涼傳後云耳。是年八月。傳既成。以錦囊盛一本。文疏一通。遣人齎送至眞容院。文殊前表白。其文曰。昨者親詣臺山。獲瞻聖像。慈悲赴感。殊勝現前。慶雲紛郁於虛空。寶燄熒煌於巖谷。阿僧祇之隊仗。不可說之聖賢。大風昏靂，愈彰瑞相。赤壁峭崖，更示金身。商英直以見聞，述成記傳，庶流通於沙界，或誘掖於信心。使知我清涼寶山，眷屬萬人，常在金色世界，天龍八部之同居。叩梵宇以贊明，冀導師之證察。僧正省奇，集僧衆八十有餘，讀疏，訖，菩薩殿內，忽現金燈四十餘盞。商英聞之，思仰愈切，卽自塑聖像，十一月八日，出按民兵八十，賫像於眞容院，供奉發願。其文曰，一切處金色世界，眞智無方。東北方清涼寶山，幻緣有在。無方則一塵不立，有在則三界同瞻。是以五體歸依，兩淚悲仰。伏念商英昔在普光殿內，或於大福城東。一念差殊，四生流浪。出沒於三千剎土，纏綿於十二根塵。以往善因，値今勝事，荷剎那之方便，開無始之光明。揣俗垢之已深，恐慢幢之猶在。託之土偶，明此願輪。三界空而我性亦空，孰眞孰妄。十方幻而我形亦幻，何異何同。伏願菩薩，攝入悲宮，接歸智殿。起信足於妙峯山頂，資辯河於阿耨池中。誓終分段之身，更顯希奇之作。讀文訖，殿內現金燈三。是日大雪，雪止後五色祥雲徧空。其夕清輝閣前羅睺殿左右，現銀燈十四。黃嵬嶺，上現大白光三。翌日，五色雲，自辰及申，盤繞不散。

至夜雪作，商英祝曰，昨日銀燈，光燄微細，與六七月所見不侔，豈商英黑業所招，抑聖賢變化，亦有春夏秋冬之異。嘗聞諸佛諸大菩薩，身光蔽映魔宮，猶如聚墨。若隨時小大，則一大藏教，乃是虛言。於是閣前雪中見向所現大金光三。商英即踊躍拜辭曰，大雪現燈，非所求也。命開菩薩殿，取前傳續書所見於後。既開殿，愛慕不能自已。又祝曰，待罪本路，儻未罷去，明年五六月乃可再來，一瞻光相，滿願而去。良久，於閣前再見大金光四。明年夏六月，以幷亢旱，詣山祈求雨澤，因安奉羅睺寺菩薩聖像。乙巳平旦，至中天閣，東南林麓，忽變金色，有青赤光直起，鮮明奪目，移時乃隱。日晚，金山有五色異氣，爲菩薩騎獅子之像。丙午，至眞容院，具威儀，迎所安羅睺寺聖像。比至寺門，而報者曰，殿中燈且現矣。既謁菩薩，瞻仰之次，頂上寶蓋，忽爾明朗。主殿僧曰，此殿旛蓋無數，掩蔽稠密，而頂蓋最高，隱莫能辨，今爛若此，未之有也，是夕，東臺暨羅睺殿左右，現十餘大金燈，往來上下，或移時，或移刻，或良久。丁未，詣菩薩前，白言，華嚴經中，世尊八處放光，表法。此光若是法性本有無相之光，視之不見，則商英不疑。若是諸佛果德圓滿之光·使人可見·則願爲示現。於是頂上寶蓋·忽然通明·孔隙流光迸射四出。已而襟領間·如意間·各放寶光·熚熚閃動。又於殿前金蓮華葉·燈燄交輝·開合無數。是時·遠近僧俗·千數雲集·呼而視之·歡呼震動·繼以悲淚·各各歎言·無始已來·罪戾深重·請從今日·改往修來。戊申·詣中臺·日將暝·四山青黯·忽有異氣·橫跨北臺山·如爛銀·刻畫長十丈·衆呼銀橋現。商英曰·非也·此殆白銀階道·聖賢所遊躡者。俄而現寶燈·一分而爲二。時有遊僧十數人·已歸臺屋止宿·呼而視之·衆僧禮讚不已。商英曰·此處當有三燈·各各諦視·良久·三燈齊現。商英取續傳示之·曰·吾去年所書·如東方心宿·豈妄語耶。己酉·太原僉判錢景山·及經略司管勾機宜文字郡壎·來會於東臺。而商英已還眞容院·卽遣人招二君。還·二君曰·適已於東臺見圓光·及攝身光·但未見聖燈也。是夕·遂與二君祈燈而觀焉。庚戌·宿佛光寺·祥雲異氣·繽紛無數。辛亥·往祕魔巖·未至巖之三里·直光現。既至巖·而盧舍那佛面門光放·熙耀滿殿。初夜·於層崖間·現大金燈五。壬子·出巖·於空中現金橋一·此橋不依山谷、不依雲氣、不假日光、亙空黃潤、如眞金色。嗚呼、當處出生、當處入滅、非大幻善巧方便、其孰能預於此哉。是行也、既以亢旱祈雨、在山三禱三應、但須臾即霽。癸丑、還至代州、大雨彌日、將槁之苗、變爲豐歲。商英即以其事奏聞。其略曰、臣近以本路亢旱、躬詣五臺山文殊像前、及五龍池、祈求雨澤、晝夜所接、靈光燄燄、殊形異相、赫奕顯耀、莫可名狀。是時四方僧俗千餘人、同共瞻覩、歡呼之聲、震動山谷。已而時雨大降、彌覆數州。臣之始往、草木萎悴、農夫愁歎。及其歸也、禾麻蕎菽、青綠生動、村落謳歌、指候大稔。此蓋朝廷有道、衆聖垂祐、有司推行詔條、布之於名山異境、其應如響。勘會五臺山十寺、舊管四十二莊、我太宗平晉之後、悉蠲租賦、以示崇奉、比因邊臣謾昧朝廷、以其地爲山荒、遂標奪其良田三百頃、以養鄉兵。因此僧徒分散、寺宇隳摧。臣竊以六合之外、蓋有不可致詰之事、彼化人者、豈以土田得失爲成與虧。但昔人施之爲福田、後人取之養鄉兵、於理疑若未安。欲乞下本路勘會、如臣所見所陳、別無不實、即乞檢會累奏、早賜施行。是歲承旨還田僧寺。雖然如是、彼大士以十方三界。爲一毗盧遮那座體。而商英以區區數百頃田浼之。其志趣狹劣。不亦悲乎。

朽庵曰。夢中說夢。夢中喚醒寐人。光外尋光。光外識得本性。此天覺張公。欲以文殊大覺之道。而覺後世未信未覺之徒。期至等覺妙覺者也。吁。繼天覺而遊清涼者。可不篤信而覺。踵先覺之芳躅歟。

或謂大士固聖且靈。豈獨天覺一人從心所禱。而輒應之耶。是必其好事而自爲之也。愚曰。天覺參兜率悅。曾觸翻踢牀。眼空佛祖。見出常流。豈區區以幻相熒惑於世哉。將與大聖有夙緣。而會契之耶。抑德重垢薄。故易致斯應耶。是必有以眞知灼見。固不得已而形於言。誠不可以凡情迷識而窺測之也。

祈陽太守傅其瓘傳◉◉宋元祐間。傅其瓘守祈陽。一夕夢五塔陵空。其色紺碧。紫衣數十。列拜於前。瓘亦從之。瞻望久之。既覺則以爲思慮所致。耳目未接之境。現乎精神矣。默而志之。無何張無盡行部過郡。以所撰清涼記出示。瓘覽之。竊以爲誕焉。是歲五月。遷副綏之任。假道五臺。既登絕頂。天氣清明。涼飆吹衣。極目千里。了無片雲，命僧禮誦祈瑞，竟日無覩。璀謂德明長老曰，僧不誠乎，聖不靈乎，久祈無應，何也。明曰，昔者文王作而鸑鳳儀，仲尼興而麒麟至，天地禎祥，必待其人而兆也。且夫大人者，信己而後信民，況大聖乎。公心且疑，而欲希靈瑞，則誤矣。璀承誨大慙，懺謝不一。乃與僚友二人，齋心肅容，冥祈聖應。移時，夕陽落山，晚雲横谷，望臺東畔，則有圓光，人之徘徊舞蹈，皆現其中。璀以爲雲日相映而現，故不爲奇。至夜，魂淸不寐，星河湛湛，夜景寥寥，共十餘僧，經行臺上，相與長跪，禮誦佛名，經未訖，有大月輪光現於石上，咫尺之間，從者未之見也，移時乃隱，余以是而諦信焉。卽命刻石於叶斗之陽，以示後之君子，知余讀聖賢書者，言不自欺也。

吳興錢蓋傳◉◉宋建中靖國元年，吳興錢蓋受命守河東。六月，自鴈門趣定襄，三日至臺山眞容院，與樂安任良弼，太原王直方偕。是夕，於法堂前設香案，祈靈瑞。至子夜，四望黯然，二子怠曰，山間城市，一天地也，彼既無靈，此曷獨有，拂袖而起，入室而寢。蓋亦就榻，披衣而坐，俄而當軒一燈，其色如銀，遽呼二子，其寢已沈，出而視之，闃然無迹。須臾圓光。狀若金盤。現於松杪。及三禮而隱。唯余童子。及老衲覺幻同見。諸人皆寢焉。明日告二子。二子色慚自責曰。某誠不至故耳。五日登東臺。衆皆至誠。唯覩慶雲變態萬狀。六日由北臺至中臺。烈日無雲。相與齋心虔禱。久之忽爾白雲停岫。空澄若水。有大圓光。懸於空際。中有寶座玉樹芝草之狀。任公見樹。王公見芝草。蓋與童子三物俱覩。至夜。更肅至誠禱祈。中夜有黃金橋現于雲際。見一獅子。厥色若銀。奮迅而過。移時大風卒起。黑雲蔽空。諸子焚香長跪于文殊像前。俱發誓言。某等而今而後。歸命三寶。爲護法城。惟文殊大聖。常相攝受。七日至眞容院。諸子皆傾囊設供。禮謝而去。

移刺楚才傳◉◉元丞相移刺楚才。道號湛然居士。得法于萬松老人。嘗請萬松評唱天童頌古。公爲之序。其略曰。佛祖諸師。埋根千丈。機緣百出。隨處生苗。天童不合抽枝。萬松那堪引蔓。湛然向枝蔓上。更添芒索。穿過尋香逐氣者。鼻孔絆倒行玄。體妙的腳跟。向去若要腳跟點地。鼻孔撩天。也須向這葛藤裏穿過。始得其見諦玄談。

蓋如此。先是、元世祖將西征、有司奏五臺等處僧徒、有能呪術武略、及有膂力者、爲部兵扈從西征。楚才止之曰、釋氏之高行者、必守不殺戒、奉慈忍行、故有危身不證鵝珠、守死不拔生草者。法王法令、拳拳奉行、雖死不犯、用之從兵、豈其宜哉。其不循法律者、必無志行、在彼既違佛旨、在此豈忠王事、故皆不可以從王師也。帝從之。大夫蕭守中曰、沙門不征不役、安坐而食、耗國累民、必此類矣、請除之。楚才曰、人之生也、萬事天定于未生之前、故人力不能加損、與奪于既生之後。世有辛苦而飢餓者、有安逸而飽足者、修短苦樂、壽夭窮通、萬狀不齊、雖孔明之智、項羽之勇、顏回之賢、尼父之聖、亦不能移其毫髮。豈彼沙門能窮吾民耗吾國耶。故萬物係天、天與則生、天奪則死。沙門亦天地間一物耳、其亦天養之也、天且宥之、子獨不容、隘亦甚矣。守中曰、釋者不自生活、從民乞食、民與則飽、不與則飢、猶乳母之哺赤子、公言天養、不亦謬乎。楚才曰、今夫赤子咽疾、不能下食、母能乳之乎。富貴之家、列鼎而食、一朝疾作、粒米不度、非天命乎。農夫之家、早春耕植、盛暑耘鋤、秋未熟、夜霜殺禾、民飢而死。

故歲豐民不疾，而後得養，乃天養也。故天之于物，不揀夷狄禽獸，使各遂其生，各得其養，此其所以爲天也。大君子當處心如天可也。今子病斯類而欲除之，恐天將病子而奪之，子將柰何哉。

李文進傳

◉◉明總督宣大都御史，巴蜀李文進。初在部時，嘗以釋氏爲異端，請除之。上未之從，歸而不樂者久之。方山人者見而問曰，公色不豫，何慮乎。公曰，事有未遂余心耳。某幼時始讀聖賢書，卽知釋氏之教，有蠹於聖道者，誠可疾矣。不達則已，達則必除之。今既達矣，復不能除，將柰何哉。方曰，大哉君子之用心也。憂夫聖道之賊，爲萬世斯民之害，與憂國財不充，賊盜不弭者，亦霄壤矣。敢問夫子今欲除釋，必嘗閱其書，而其爲吾聖道之蠹者，果何云乎哉。公曰，吾聞晦翁之說，以爲異端虛無寂滅之教，據虛無寂滅，豈不爲仁義忠信之賊乎。方曰，甚矣，夫子其不自重也。柰何以皓皓之明，而蔽囿於他人之一言乎。且余聞之，釋氏毗盧有萬德，普賢有萬行，安在其虛無寂滅耶。今夫子必欲除之，當熟玩其書，果無一善可取，力以除之，則天必助其成功而無所取誚於天下後世也。公然其言。退閱佛書。過三月。謂方曰。荷子之誨。得見大聖人之心法。與吾聖人曾不少異。而尤深切著明矣。且夫佛謂衆生心者。亦名如來藏。義有空不空。所謂空者。從本以來。無私欲之染。無物累之患。廓然大公。虛寥沖漠者也。所謂不空者。眞體無妄。中實靈明。淨德滿足者也。然空與不空。初非二物。唯吾一心耳。朱子所謂虛無寂滅者。但見其空而不識不空之德也。昔者程子以仁義禮智四者爲性具。且曰天命理賦。今觀佛旨。如來藏中。固有河沙性德妙善。則不啻四者而已矣。天地萬物。固吾心光影。則天理本我心。非我自天也。大哉旨乎。非出世大聖。何以及此。吾常以爲天地生我。今知我生天地矣。方曰。夫子破格矣。他日見道。固不難也。嘉靖辛酉。公將命總督宣大。爲道之心日切。思有以抉其膜者。詢諸方山人。山人因遊五臺山。值楚峯和尚有道僧也。請詣雲中。會於公館。公以昔悟告之。峯曰。噫。公見影矣。若吾法王之心。猶未夢見在。公聞之。悚然曰。法王之心。若爲可見耶。峯曰。公欲究法王之心。必極其空而後可以契不空之德。不然則爲物欲塞矣。情愛蔽矣。念緒紛紜。生滅流注。昏瞢汨沒。未有了時。尙何見法王之心法哉。公於是修空三昧。六月目不受色。耳不受聲。鼻不受香。舌不受味。六情悄然。運動如偶。一日聞秋風落木聲。忽爾念盡。廓然大空。楚峯一日見而問曰。公於斯道信乎。公曰。祇是箇李文進。更信阿誰。峯曰。夫子信矣。先是永樂間。上勅五臺十寺爲國祝釐。上以山寒地僻。五穀不生。乞化唯艱。命該縣月給僧糧。至嘉靖初。有司以爲僧無勞而食國。遂約令從軍役。不數年寺廢僧殘。梵宇爲墟。時兵部侍郎昌邑葛公縉銜命雲中。聞臺山之廢。行帖山西道。以爲沙門從軍。非兵利。遂罷之。及葛公退任。奸吏弄權。復役諸僧。至是年。釋楚峯訴之李公。公曰。澗飮木食。固僧之宜。旣食國食。寧逃國役。遂行帖山西道。糧役俱免焉。

明高胡二公禁砍伐傳◎◎自古相傳。五峯內外七百餘里。茂林森聳。飛鳥不度。國初尙然。爾後諸州傍山之民。率以伐木自活。日往月來。漸砍漸盡。川木旣窮。又入谷中。千百成羣。蔽山羅野。斧斤如雨。喊聲震山。寒巖隱者。皆爲驅逐。奪其居。食其食。莫敢與之爭。當是時，清涼勝境，幾爲牛馬場矣。然興廢相尋，無往不復。萬曆庚辰間，東萊順菴胡公來貢，守河東道，視兵鴈門，因登清涼，冥識聖境，目擊其廢，卽有感焉。於時巴蜀鳳渚高君文薦，巡撫山西，胡公歸郡，因白之高公。公具本題准，嚴加禁革砍伐，乃寢。其題本云，臣竊照山西，自平刑以抵偏老，爲邊者千有餘里。東則車輔雲朔，西則比鄰虜巢。總之華夷之限，一山之隔耳。所幸北樓寧武之間，林木葱鬱，資爲保障。而五臺一山，重岡深樹，恃爲內藩。父老相傳，謂兩山之樹，往者靑靄相接，一目千里，卽爲胡馬跳梁，曾不得一騁而去。今砍伐殆盡，所存者百之一耳。自前巡按賀一桂，題請申飭之後，人心稍稍斂戢，而弊端尙未盡絕，蓋在北樓一帶，則大同渾應居民莊窩盤據，以砍伐爲本業。詰之，則連逮黨衆，不能盡舉而置之法。稍稍治其首惡，而餘者又復放縱如故。且渾應州官，秦越異視，往往護其奸民，輒歸罪於山西之緝捕者。五臺則奸商視販木爲奇貨，往歲依山取利，每年動以萬數。今自題禁之後，各商垂涎舊事，心未遽已。年年以搜買舊木爲名，乃私竊砍伐，希圖夾帶。且深山之中，人迹罕至·舊無設官·而山寺僧官·勢力微弱·又不能與之抗衡。是以奸商之輩·夏則千百爲羣·肆行竊取。秋則假買舊木·因之駕運。在官府以爲舊木業已出山·無用之物矣。與其以天地之材·任其朽敗而無用·孰若稍稍變價·取千百之利·以濟邊。殊不知舊木非天降地涌·何以歲歲不絕。而此輩知有變賣舊木之例·轉相砍伐·何有已時。臣自去年稔知此弊·是以嚴行禁止·一切寸木·不許變賣。此輩不遂其奸·又或投託勢要·廣布大言·假以眞定抽印·以供造辦爲因。且供造辦與固邊疆·孰重。損其所重·益其所輕·非所以爲國也。矧抽印之木·民十公一耳。內不足以充其材具·外有以虛其邊防·而奸商勢要·藉以抽印·大言恐嚇·以致官司莫敢誰何。臣看得地之所恃以爲險要者·山也。山之所依以爲屏蔽者·木也。今邊疆爲蠹者有二焉。礦夫穴山·奸民伐木。而邊臣徒知穴山爲患而禁之·不知伐木爲患尤爲大耳。況五臺一山·爲天下名勝。而今萬阜童童矣·又何名勝之有。種弊已久·材木將盡然猶三年之病·可及畜艾時也。若復姑息·不爲嚴禁·將來孰任其咎。且無根之民·不務稼穡·伐木苟延。山木有盡·歲月無窮·豈以爲久常之計。爲今之計·在北樓·則備行渾應二州·無籍人等·盡行驅逐。而兩州掌印官亦當以邊疆爲重·不許黨護編民·別生異議。其在五臺·僧官巡檢·帶領弓兵日夜巡緝。一有奸商豪勢砍伐·入山·擒獲赴道以憑問罪。以後不論新木舊木·不開變賣之端。但有一木出山至河川者·即坐本官以賣放之罪。奸商勢要·不得假抽印之名·復滋砍伐。庶乎事有責成·人無異念·而封疆藉以永固矣。伏乞皇上軫念邊防·屏固久弊·勅下該部·再行查訪·速賜題覆·俯從末議·施行等因奉

聖旨·兵部知道·准議施行。

明鴈平道張惟誠清糧傳◎萬曆辛巳·聖旨丈田畝·清浮糧·以蘇民困。有司因觀五臺山地·前此未有徵稅·今亦應與民同編徵糧等因。於時·永清張君字豫吾守鴈門。申帖云·看得五臺山寺·俱係先皇勅建祝釐之所·其地原非縣民額田·曾無徵糧事例。況俱瘠薄山岡·陰寒陡磵·春回暑際·霜落秋前·五穀不生。其窩陽之處·草麥半熟·居山之僧·多食瞿麥。而籍僧不過百數·餘皆四方來遊·依山暫住。今欲與民一體

編派，理必題請，一入縣額，僧輸不前，必致逃竄。得其稅，不足以裨國儲，貽其害，適足以累百姓。且聖旨欲淸浮糧，今無度更張，是不應也。由此撫按准議施行，該縣五臺山，仍舊免徵稅，由是僧行安生矣。

明吏部尙書陸光祖傳◉◉陸光祖，平湖人，弱冠閱藏教，於文殊本智，有深契，遂以五臺稱之，以自誓也。邇來爵位日隆，而信心彌固，門庭嚴正，不容謁客，唯屬三寶因緣，無拒焉。凡佛法之難，不避危嫌，力以護持。嘗臥病不食者數日，僧有爲勢豪所困，欲奪其寺爲塋地者，求救。公即起，手爲數書，委曲縫掖，不知其病也。家人諫曰，衰殘若此，奈何不自愛耶。公曰，我非三寶力，安有今日。萬曆辛卯春，以致仕歸田，假道淸涼，稅駕龍泉寺。紫柏尊者，遣開侍者，謂公曰，昔東坡居士，對佛印一籌不及，輸玉帶以鎭山門。今奉紫柏命，有一問，答得，即與相見，答不得，則傚東坡故事耳。問曰，盡大地是箇淸涼。言未已，公以手掩開口曰，老夫未出部庭，早輸此帶了也，用問奚爲。即度帶與開。開曰，先生鼻孔，得恁麼長。公曰，莫謗人好。舉似紫柏，柏曰，這老漢，申東坡老子四百年來之寃。卽遂與相見，贈八大人覺經，并偈。帶留紫霞谷之妙德庵焉。

文震亨傳◉◉明崇禎辛巳中翰文震亨，字啓美，吳縣人。奉差齎大同兵餉，謁見代藩。卽入山頂禮曼殊聖像。與山中耆宿蘊眞律師有舊，偕遊祕魔巖，虔禱於大士，矢願求龍神現身。巖下有二小潭，如盂滴泉注之。住持代爲宣疏，訖俄頃於上潭現二龍，一蒼一白，下潭龍現不計其數，大若巨鍼，而鱗角畢具，夭矯騰躍，水爲汎溢，良久，兩潭俱空無所覩矣。驚歎希有，作五臺遊記，以敘其神異。傾囊營建道場於眞容院七日圓滿，復覩金燈七盞，懸於松杪，如斗杓然。蘊公亦吳人，爲歷敘累朝使命及內臣至者，龍現大小身者非一，身大至尺許，卽有風雨隨之。惜乎失紀其全耳。

法運之隆，雖係於時，必藉有力大人而維持之。是以名公巨儒游心冲澹，寄迹青雲，忠輔聖明，仁匡佛化，其夙昔之悲願乎，抑文殊之影響乎。而乃持法輪於既墜，存聖境於將殘，至德神功，誠不可測也。

清涼山志卷第六終

附錄妙峯大師募三名山大士像幷銅殿事略

按明妙峯福登禪師、福慧洪深、誓願廣大、一生所作大功德、莫能殫述。素願造滲金文殊普賢觀世音三大士像、幷銅殿、送五臺峨眉普陀、以供養之。于萬曆二十七年己亥、杖錫潞安、謁瀋王。王適造滲金普賢像送峨眉矣。師言銅殿事。王問需金若干。師曰、每座須一萬金。王願造峨眉者。即具貲送師往荆州監製。殿高廣丈餘、滲金雕鏤佛菩薩像、精妙絕倫。殿成、送至峨眉。大中丞王霽宇撫蜀、聞師至、請示心要。遂發心助普陀者。乃采銅於蜀、運荆鑄造。及成、運往普陀、至南京、逢普陀僧力拒。蓋恐海寇悞認爲金、防搶劫耳。因卜地寶華山。時寶華頗衰敗、遂奏懇勅修、得以安置。師又募五臺者。于三十三年春、躬送至山、議安顯通寺。又蒙勅修其寺。趙吉士寄園寄所寄中、謂陳太后勅四川造三座者、傳聞失實耳。今略撮其事、附錄於此、俾後世知其大略云。（憨山夢遊集、妙峯傳。）

清涼山志卷第七

第九異眾感通

根塵十二、總屬緣生。事相三千、無非心造。況乎大士具智光之無量、乘悲願以再來。本妙明無作之心、爲緣熏眾生之境。故雲林烟島之間、花放鳥啼之候、罔非宣揚妙理、流布法音。但眾生五蓋熏蒸、則悟門閉塞。六情纏繞、則亂想紛馳。何由朗愛水之昏波、接法流於彼岸乎。惟須辦此一誠、捐其十礙、庶幾薰鑪夜爇、心香度此巖前。法鼓晨催、意蕊舒於座下。等千燈之互照、似帝網之交羅。志感通。

楞嚴云、精研七趣、皆是昏沈、諸有爲相、妄想受生。妄想隨業、於妙圓明無作本心、皆如空華、但一虛妄、更無根緒。是知三界天仙、未出輪迴、皆不足以爲生民攸賴、況山川之靈耶。世有烹宰物命、昵事鬼神者、不直無福、實增業累。唯吾文殊大聖、乃爲有生慈悲眞主、歸崇信向、漸以覺乎長夜之迷、而超脫乎生死幻累也。今夫清涼山者、出於佛口、大聖所宅。於茲蘄嚮、信有曼殊眞身、洋洋乎徧諸雲林烟島之間。充塞而無閒也。是以四方之民。觀光遊禮。一念之誠。永爲成佛不壞種子。直至菩提。斯善不磨。其爲益豈不大哉。故其感應靈異。往往膾炙人口。今略錄數條。以曉未聞焉耳。

王子燒身◉◉高齊天保帝第三子。兩世爲僧。不犯欲戒。故得生知宿命。自憶周衰已來。爲晉楚世家兒。殺人盈千。人殺己七番。生大厭離。不樂世位。天保七年。身嬰重疾。醫不能療。因入清涼。志誠禮懺。求見文殊。久而不見。心生疑慮。夢老人曰。子於往者。唐死無算。今求聖少勞。而且怠耶。且子之身。非子有矣。可不勉哉。王子自念。此身必償他債。乃於文殊像前。然身供養。火方然時。自陳願云。我某然身供聖。良因釋我往昔自殺教殺無量怨債。一時酬畢。再得爲人作沙門相直至菩提。永不殺害。火盡閹官劉謙之。拾其骨。塔於鷲峯之西。帝悼之。卽於焚身處建寺焉。卽今東壽寧。舊稱王子燒身寺。

心通註經◉◉高齊中相劉謙之。諦信佛乘。厭離塵垢。持文殊菩薩名。日念七萬徧。

以爲定課、不爲事務所閒。天保間、隨王子入淸涼山、見其焚身、爲所難爲、生大悲感。自慨刑餘、非佛法器、奏乞在山修道、上許之。謙遂不歸朝、持名閱經、精誠所致。忽爾心通、造華嚴論六十卷、奏帝詔令敷演一徧、後感男根復生。

環先遇聖

隋代州趙良相、家貲巨萬、有二子、長曰盈、次曰孟。盈强孟弱、其父將終、約家貲爲二、孟得其上。及良相死、盈盡霸取、止與孟園屋一區、孟傭力自活。無何、趙盈死、生孟家爲兒、名環。後孟亦死、生盈家、與盈之子爲兒、名先。洎長而孟家益貧、盈家益富、趙環即與趙先作僕使爲活。諺云、天道弗平、盈者益盈。環一日聞其寡母曰、趙盈霸汝家業、致爾世貧、今至爲其奴、可不恥乎。環因懷恨、欲殺趙先。開皇初、環從先遊五臺、入峨谷東數十里、深曠無人、環拔刀謂先曰、爾祖、我父弟兄也、爾祖霸我產業、致我世貧、今爲爾僕、爾其忍乎、吾今殺汝也。先即疾走、環逐之、入林見草庵、遂入。有老衲曰、子將何爲。環曰、吾逐怨也。老衲大笑曰、子且勿爲、令汝自識之。各以藥物授之、充茶湯、食已、如夢初惺、忽憶往事、感愧自傷。老衲曰、盈乃環之前身、霸他

之業、是自棄其業也。先乃孟之再來受其先產、父命猶在耳。二人棄家、從釋修道、後終於彌陀庵、

無染證聖◉◉唐釋無染、善住院僧。於東臺麓見化寺、額曰福生、至二門、守者止之、令出曰、汝有慳垢、不應入此。染既出、迴顧乃失、深自悔責、歸家、盡施所有、歎曰、大聖警我、豈徒然哉。行道禮臺、凡五十三次。年七十三、一日告徒曰、道眼未明、前程黑暗、爾無執吝浮生、保持幻物、自蔽妙明、無所益也、珍重。自作蠟衣、衣之、服香水七日、然身中臺。火光中說願偈曰、我昔久逐生死輪、非義捨身若恆沙。今然此身供如來、普願自他成正覺、火光若紅蓮華、金色童子、端坐其上、移時乃殞。香風遠徹、花雨繽紛、見聞者、生難遭想。建塔梵仙山下、至今尚存、

福運然身◉◉唐釋福運、代州總因寺僧、身嬰重苦、長年不差。因入清涼、亡生行道、一日金剛窟前禮懺、至困而寐、見人以水沃之、覺而得宿命、見往爲大法師、貪他利養、不淨說法、墮牛犬中、償足復人。既見是已、劇增悲慟、服香百日、願供養大聖文殊、

以謝宿愆。積薪跏趺・自然火已・宴然而逝。五竅流光・上燭雲漢・觀者千萬・悲聲震山。

溫陵曰・夫爲法不顧其身・非特佛氏也。至人得道・皆能外形骸・忘死生・或喪之若遺土・或喜之如決疣。若揚雄不羨久生・孔聖甘於夕死・凡以達本知常・特有不亡者存・而蔪脫乎塵垢患累・故燒身然臂・曾無憂吝。世俗或駭其所爲・在至人觀之・與遺土決疣一而已。亦以妙覺圓照・離於身見・得蘊空故・乃能如是。若識見未亡・諸蘊違礙・不達法行・空慕其迹・是徒增業苦・爲妄作之凶矣。

神兵現空◉◉唐釋澄靈・於武后長安初・卓庵大黃尖南麓。禪寂中・聞珠珮聲出庵・忽見神兵現於雲表・部類各異・威肅儼然・俄而雲沒不現・但聞異香充滿林谷。

土瘵惡瘡◉◉唐福州陳仲良・遊清涼・囊土而歸。其妻患瘡・盡醫莫差。仲良以土付之曰・此文殊大聖所賜藥・汝但至誠歸命・所苦必差。其妻聞文殊名・生難遭想・即起合掌三稱南無大聖文殊・其苦卽瘉。後遊禮至公主寺出家・爲尼名法空。

孝感仙藥◉◉唐李思遜・山東人・負八十歲母遊清涼。明年母卒・遜因思罔極・志託

清涼一步一禮至北臺麓結庵修道未幾有異人授靈藥食之辭友僧道一羽化而去後人目其居爲仙人庵今爲荒麓焉

雨有合香◉◉唐開元中代州大旱都督薛徽禱雨於太華池命僧諷華嚴以合香枝灑淨滿七日大雨千里徧聞合香是年大稔

僧伽神異◉◉唐梵僧僧伽師南天竺人持文殊五字呪多神異唐天寶間來遊清涼不入人舍夜坐林野攜舍利缾夜則放光嘗入定於中臺之野天花擁膝七日乃起經夏還天竺過長安李太白作歌贈之歌曰高僧法號號僧伽有時爲我論三車問云誦呪幾千徧口道恆河沙復沙吾師本住南天竺爲法頭陀來此國戒若長天秋月明身如世上青蓮色心淸淨貌棱棱亦不減亦不增缾裏千年舍利骨手中萬歲胡孫藤嗟余落魄天涯久罕遇眞僧說空有一言懺盡波羅夷再禮渾除犯輕垢此係另一僧伽非泗洲僧伽乃泗洲僧伽入滅三十多年後方來此方者

謝平遇仙◉◉唐景龍間代州謝平於東臺麓見一老叟招之入深谷川原清暢花

木秀茂茹茨石室諸仙所居。採薇而食其味沖澹了無茹退血氣優柔不思嗜慾久之思親採薇囊之而歸奉母母病將死食之病瘉平居三月復尋終不見焉。

法愛變牛◉◉唐北臺後黑山寺僧法愛充監寺二十年以招提僧物廣置南原之田遺厥徒明誨愛死卽生其家爲牛力能獨耕僅三十年牛老且病莊頭欲以牛從他易油是夕明誨夢亡師泣曰我用僧物爲爾置田今爲牛既老且羸願剝我皮作鼓書我名字於鼓上凡禮誦當擊之我苦庶有脫日矣不然南原之阜變爲滄瀛未應脫免耳言訖舉身自撲誨覺方夜半鳴鐘集衆具宣其事明日莊頭報老牛觸樹死誨依其言剝皮作鼓書名於上卽賣南原之田得價若干五臺飯僧誨復盡傾衣鉢爲亡師禮懺後送其鼓於五臺文殊殿年久鼓壞寺主以他鼓易之訛傳以爲人皮鼓耳。

中臺聞鐘◉◉唐長史崔公部從五十餘人遊清涼登中臺聞鐘聲大震公謂部從曰僧預知其來故鳴鐘也至頂了無一人亦未有鐘因共造銅鐘招僧居守。

慧賾見聖◉◉唐釋慧賾、同緇素數人遊臺。至中臺、遙見沙門、持錫而立。及近、則失之、遠望仍現。畫工呂玄覽同見。圖其像。衆人掘其地、得一鉢一像、金石莫辨、遂建塔於此、時龍朔元年。

松說苦空◉◉唐釋法念、棲禪青峯、庵南有大松、若舍可蔽風雨、法念嘗坐其間、若昧不昧、見僧作老比丘形、說苦空法。既寤、乃聞秋聲瑟瑟、不勝其悲、因呼爲苦空蘖、古碑猶存。

聞警大徹◉◉唐北臺後有古木、百圍中空。釋惠湛得荷澤之道、自謂大了、穴木爲居、每一入定、三日乃起。木叉和尚訪之、在定、召曰湛、闍黎。湛出定、視之。叉曰、汝在此生死穴中、耽著幾時。湛忽然大徹、淚下如雨、自此觸向明妙。後人呼其樹爲生死蘖。

勃荷神異◉◉宋建陽趙氏、畜豬爲業。一豬特異、毛鬣金色、唯食勃荷、里中小兒因以呼之。凡屠者擒捉、羣豬奔逸、勃荷安徐引之入檻。趙氏愛惜、多年不殺。太平興國中、僧辨聰者、遊五臺、寄清涼寺、過夏。一老衲出入衆中、若佯狂然、爲衆輕易、唯聰敬事之。解夏將還、老衲以書付聰、囑曰、至京城北、尋勃荷投之。聰辭去、竊發而視之、其詞曰、子遊世間日久、彼衆生得易調伏否。彼若調伏、汝自調伏、度生事訖、祇可速返。若更久住、恐強緣打失、流入世業也、至禱至禱。聰大驚、復緘之。既至於廣濟河側、聞小兒呼勃荷。聰問、勃荷何在。小兒指趙氏欄內大豬、項帶銅鈴。聰就呼云、勃荷。豬躍起、聰以書投之、豬噉之、人立而化。

誠感天華◉◉宋元豐間、安州張氏、每歲自種芝麻、打油百斤、負來然燈五頂供養。每登臺、必澡浴更衣。一日同六七人至中臺、忽聞異香、仰而視之、乃見天花浮空、青黃赤白、隨色生光。衆以手捉、近之卽飛。唯張氏得一金色華、近者身衣皆黃。持至眞容院、寺主覩奇、請留供養。張氏不與、遂持歸、觀者甚衆。行數里、黃光大熾而殞。

褻侮慘報◉◉宋王在、代州人、其家豪富、素不孝。聞清涼之勝、挾妓來遊、宿眞容院、於殿堂設酒宴、舞妓爲樂。主僧諫曰、此龍神之地、長者何以褻慢若是耶。在怒罵曰、禿丁、龍神何在。僧莫敢言。明日登東臺、陰風卒起、雲霧晦冥、雷火涌地、在身已裂。僕妓皆徙置山麓。昏迷一日乃蘇。

神僧入洞◉◎宋宣和八年夏。代牧趙康弼。巡檢董梁。同眞容院慈化大師。數十人至那羅洞。趙公同慈化入窟。行數步。隘不可入。低旋而迴。既出。見異僧立於洞口。趙公戲曰。我從深裏來。師何不入。僧曰。我能入一塵。遊沙界。況此恢恢者乎。卽踊身而入。殊無阻礙。衆待數日不出。檢遺物。唯有笠子一頂。建塔東臺。

法華不焚◉◉宋淳熙間。華嚴寺經樓遭焚。諸皆煨燼。唯有法華經一部不壞。披之。得舍利三顆。經後記大唐釋道宣所書。蓋其戒定精熏所致也。

華嚴放光◉◉元皇慶初。獵者馬秋兒。因獵宿東臺之東華林之野。見光明上燭林巒洞曉。歸白眞容院主。主率人探之。見塔基。掘之。得石匣。中有華嚴經一部。乃唐顏眞卿所書。沙門法遠建塔於此。主賚歸祕藏。後忽失之。人以爲收入金剛窟。

圓光現塔◉◉元延祐二年夏。皇姊大長公主遊禮五頂。見大圓光中有七級浮圖。

母妻同化◉◉元亳州王僧吉。母年八十七。謂吉曰。我爲爾曹累。不能遂五臺遊。今老矣，菩薩聖地，豈能一至乎，言訖，潸然。吉謂妻曰，我與若共輿母詣五臺，汝能之乎。妻曰，妾所願也。夫婦架轎輿，行十步一拜，長途無怠。三月抵清涼，徧禮五頂，靈瑞頻現。四月八日，至陽白谷，僧吉偶病，昧若死，其母與妻守七日而惺。白母曰，我適一國，見大陂水，無限蓮華，其外小陂環帀，岸多芳樹，輭風吹香，令人醉悅。童子引我至一陂，菡萏盈池，兩莖特秀，告曰，若當棲此。吉言訖，曰，願母歸家，我當於此修行。母曰，我家在近，爾言已，坐脫。既葬，妻亦化去。吉遂於此藏修焉。（已上并出舊傳）

稱名脫難◉◉明宣德間，定州曹一貴，六人遊臺，至華嚴嶺，遇盜被縛，志心念文殊名，忽見數十騎沿嶺而來，盜竄去。貴舉首，但見浮雲度嶺，更無一人，尋路而歸。

誠瘉親病◉◉明正統初，永平王國華，父母俱久病，求醫莫療。國華發願禮五臺，明日病稍損。華即裹糧，一步一禮，至中臺，見白光襲衣。其父母俱夢白衣母入其家，屋宇皆白，明日無恙。華初未有子，其年生俊男。

夫婦同化◉◉明正德間，燕京西山靈水村劉繼先，夫婦遊臺八返。先年九十一，妻八十，雇輿再遊。既禮五臺，至菩薩頂，翁囑婆曰，汝好歸，我就此去矣。婆曰，住住，待我金剛窟來相別。出房，於佛殿前坐脫。人報翁，翁笑曰，賊老婆，嗔我去也，言訖而化。

金輪神光◉◉明正德十二年，蘇州管氏六人宿中臺，見金輪浮空，光吞五頂。

天橋度關◉◉明嘉靖十五年，京師王行者造佛像，送臺山。至龍泉關，佛像重大，關門不能度。關吏紿曰，若佛能放光，我爲若拆關令度。言已，佛像面門放光西流。關吏驚畏，即構天橋，像度過。

天燈引還◉◉明嘉靖三十九年九月，胡虜越邊，犯臺山，擄淨明寺二沙彌入草地。沙彌志誠念文殊名，一夕脫走，黑夜迷路，忽見天燈，攸攸南逝，沙彌逐燈而歸。

孝婦坐化◉◉嘉靖四十一年春，贊皇縣李氏妻侍親以孝聞。一日同四十餘人來遊臺，至日光寺，盥沐禮佛，別衆而坐，說偈曰，拖泥帶水去還來，何似今番坐五臺。說與諸人各努力，這回終不入胞胎。言訖而逝。

變相怖盜◉◉嘉靖四十二年春，河間僧繼宗素持文殊五字呪。遊臺，至竹林嶺，有羣盜林中突出見宗作夜叉神佩火輪賊大怖伏地不敢仰視僧正懷在後亦見而宗不自知。

月輪光照◉◉浙江吳居士素業禪觀誦法華鄉閭稱吳彌陀步禮來遊夜登東臺見無數月輪自那羅洞涌出得法喜三月不知世味後終舌根不壞。

一江遇聖◉◉明嘉靖四十三年春北京一江和尚來遊山中臺麓見白髮母片衲遮醜飢凍甚危師憐之解衣衣之分麨食之更與作禮母逆立而受傍僧不堪曰佛戒比丘不禮白衣師乃人天模範禮貧賤女可乎師曰此狀難測汝遊清涼無分別可也行數步回顧貧母卽失唯見衣挂松枝金光煥散異香絪緼日盡乃已。

二虎懾盜◉◉明嘉靖四十五年夏祁縣僧德胤隱鳳林谷值歲凶暮夜貧民從之貸糧胤以饘橐授之而去出籬數步見二伏虎大怖而返還所授橐胤笑曰虎自汝心耳送之出惟見臥石二焉因以二虎稱之。

道感刺客◉◉明釋明山字翠峯初結茅中臺之南谷檀施日多有忌其盜者一夕

刺客投宿，中夜窺山，屹然端坐，目如秋水，鼻息殆絕。客長跪，發露悔過。山曰，汝受人所託，必忠其事，當速殺我，以快彼意。客曰，吾寧自殺，終不殺道人也。客行且曰，師可速離此地，倘遇他人，師命危矣。明日移九龍岡。

孝感千獅　明嘉靖間，河南信士潘守誠，負七十母，來登中臺，至竹林嶺，見千獅子遊戲，躍入雲際。

盜錢雷擊　明嘉靖末，北臺一人，盜龍池錢，入廚執爨，雷自竈出，擊之死，半日乃蘇，自陳偷錢事。

稱名得煖　明釋慧澄，晚上南臺，值風雪，凍急，念文殊。忽見草庵，老僧向火，澄入，就坐，對火煦然生暖。俄而小寐，忽寤，天色已曉，坐對枯杌，前狀皆失。

神魚出現　明隆慶四年夏，北臺諷華嚴，首座遠庵，見天井一金魚，長尺許，有光明，呼衆臨池，禮誦，自辰至未而隱。

寺建仰華　明隆慶五年，虜酋俺鞑，款關效貢，仰五臺聖境，奏請欲來進香，上未許。既而復請建寺於海西、設像瞻禮、賜名仰華。自此畏事中國。

寶塔重修◉◉臺懷大塔、內藏阿育王所造釋迦佛舍利寶塔、元朝重建。隆慶間、石塔寺僧、稱小會首者、見其圮也、發願募修。走京師、叩馮監。馮監初許之、而忍弗能予。此僧每指其事、而諷切焉。馮怒、聞上、逮詔獄。既死、而時時入馮夢中、以爲患。又聞上。聖母出宮金、遣中官范江、李友督修、撤而改作、凡二載、塔始成、實萬曆十年也。

屋成月輪◉◉明釋眞寶住棲賢谷。一日趺坐、痛念生死大事不徹、鑽仰不入、轉覺淒惶。稱文殊名數聲、斂念久之、忽見居屋爲月輪、五峯林木、洞曠無礙、淸涼適悅、難以爲言、移時乃隱。自爾昏散不入者數日。

松現異相◉◉明萬曆初、釋悟福同二僧、行至蛇溝、遙見彩霞滿樹。佇望久之、綠葉零零、其大如手。趨前數步、閒葉有果、黃赤相雜、大如茶甌、精光曜目。及近、唯見松株。退數步、仍見前異、日沒乃隱。

神燈徧野◉◉明萬曆元年正月上元日、北臺大雪怒風、神燈徧野。在剎端者、其大

如斗僧無用者指以示衆指端即現一燈既而雲衣拂面皆神燈也

山神示兆◉◉萬曆五年二月廬山僧徹空居龍門法雲庵假寐間見二儒服者至龕前曰明日有辟力鬼遇害師可避之空曰請相公方便儒者諾諾而去明日果有數賊自西嶺而來至龍門上大風卒起吹墮亂石一賊折脛衆賊舁入庵捨去折脛者以實告乞憐養半月得好去後負油麪來設齋而謝

十指現燈◉◉萬曆六年少林僧洪電一夜上中臺値雷雨昏黑大怖不能行志心合掌稱菩薩名十指現燈離之燈十歛之復一電合掌至臺偶失跌乃隱

妙峯感通◉◉明萬曆初釋福登字妙峯居龍門妙德庵日刺舌尖血爲二分一分研朱書華嚴經一分呪食施鬼神一夕閱經窗下患燈不亮忽爾窗戶洞明如晝經盡乃已初夜遊中北二臺至北臺之東見神燈浮空上下雙手搏之得二樹葉

菩薩髮塔◉◉元魏時文殊菩薩現爲貧女所施之髮修塔貯之在佛舍利大塔之右住持圓廣見其圮也撤而新之命行者督工行者分取其髮囊之而去過十餘年

返北京・至淨因庵。主僧惠杲・方假寐・金甲神曰・有盜髮賊・將鷲師可留之・明年・歸之本地矣。既寤・疑慮・間行者負經篋入・欲貨之・還俗。杲與錢一千・留篋・啓之・經數部・有一囊・盛髮・若金縷・詢之・乃知聖髮也。明年・萬曆十年・杲因禮五頂・賫其髮入大塔焉。

五佛示夢◉◉萬曆九年・中相范李二人・奉命建塔院寺・方成之夕・李公夢五梵僧自西北飛來・空中不下。公設座延之・乃下就座。明日・白范公・相與披尋靈迹・至壽寧寺・見五佛頹然荒草間。二公陳香帛・請就塔院華藏閣・舉之・飄然不藉多力。

應眞屢現◉◉五百應眞・住持清涼・自古及今・顯應者三。一・隋開皇初・五百梵僧棲禪中臺麓・龍神修供・過夏而隱。二・唐貞觀中・慈恩法師・開菩薩戒於華嚴寺・時有五百比丘忽至・聞戒而去。三・明永樂辛巳・頒御製佛名曲經・偶千僧至・齋畢・散入林谷。

清涼靈石◉◉清涼石・古來顯應頗多・不能悉錄。且近見聞者・嘉靖間・太史岳國濟・謫汾陽斷司・過此・率僕夫百餘人・登之・剛容不隘・作歌以志其靈。又三十七年・山西副使張君・與僧綱有隙・懷怒來山・至是登石・覩異・怒心乃釋・乃曰・此石乃臺山和尚

敕書也。萬曆初僉事楊彩登石感異有詩志之。（詩載靈迹）盖聖無常應、應於克誠來者以
迹而求、則殆矣。

老人示路◉◉清釋碧雲、於乾隆初、住清涼橋吉祥寺、常遊諸臺。一日晚歸、至中臺
迷路、忽遇老人示其歸路。旋行復回顧老人、老人即說偈曰、來時有路、去時便誤、撐
起眉頭、放開脚步、月挂中峯、雲消野渡、努力向前、切莫回顧。

燈隨心現◉◉清釋照遠、山西太原人、姓王、投本村永寧寺聯公薙染。後受碧雲和
尚心法、遂卓錫本郡大崇善寺。乾隆初、禮臺山、至大螺頂拜燈、一禮及地、五頂燈飛
數百、林泉輝映、旋盡入塔院寺大塔頂中。遠卓犖英奇、於世淡然、視名山勝地、如渴
思飲、故于四大名山、皆親禮焉。尤繾綣于臺山、故朝禮十三次、夏安居九次、三十五
年、朝山至臺懷、遇弟子廿餘人、謂曰、我等朝山拜燈三宿、一盞未現。遠曰、我朝十三
次、無一次不現、汝等求燈、皆隨我來。衆有倦色、唯程宗周願隨、遂至大螺頂、初夜拜
求、未及三禮、五頂各現無數金燈、宗周甚喜、仍返臺懷。遠指梵仙嶺、謂衆曰、此地是

菩薩現像處·衆咸企仰·見雲中現一金獅·鈴聲隱隱·晃耀天光。衆皆俯拜·舉首視之·雲消不見。

結緣感聖◉◉清釋崇章·住京都翊教寺。乾隆間·備茶果於臺山萬緣庵結緣·躬自汲水煎茶。至第三年·有白衣母·攜一童子·白如雪。至菩薩前問訊·轉向崇章問訊·曰·大師是從都中來結緣者。章曰·然·卽奉茶果母與童子用茶果盡母更索之章再奉茶果·復用少許。卽起座問訊·出門不見。

佛燈屢現◉◉清釋成洪·鹽城人。乾隆十四年五月十五日·至五臺南山寺·見奎和尙。其晚天清氣爽·見神燈浮空·峯巒露彩。奎曰·朝山人若與菩薩有緣·神燈不求而自現。若是無緣·雖神燈徧山·亦不能見。次日至清涼橋·朝西臺·又從西臺至祕魔巖·未至巖洞之間·忽現丈六金容。方入洞時·三聖皆現·又見光中無數化佛·諸頂朝畢·至大螺頂拜燈·神燈映星而上。又於夜半之後·古南臺神光照頂·如同旭日·幽冥黑暗之中·無不照燭。因歎曰·我與一切衆生·紛忙於火宅之內·昏昧無知今日得悟菩薩大圓鏡智何其幸歟。是時天色未曉、降微細霧雨、其光遂隱。稽首讚曰、稽首文殊大智師、慈心照我清淨光、爍開多劫昏矇、眼盡未來際覲法王。

夜現日輪◉◉清釋了彙、號度博、住京都西山戒臺寺。於乾隆二十七年夏、謁五臺文殊大士、至大螺頂、求見神燈。深夜、焚香虔禱、不數十拜、西峯上忽現紅日一輪高昇旋轉、光輝朗耀、覺心空映、如入定中。因呼同伴問云、見否、忽然隱滅。至明日過祕魔巖、經大深澗中、崎嶇之處、數十步前、有四五人修路、及至前、倏忽不見。遂直上龍洞焚香拜訖、求見聖像、親見文殊菩薩現像、歷歷分明。

福資往生◉◉清禹尙智、大同府渾源州城西水磨疃村人。好善樂施、凡渾郡修建寺院、盡力樂助。又于村南東西大路、修建茶房、置地頃餘、俾施茶永遠不替。每年盡合城各廟、散施香燭。一日尙智偶有微疾、夢中見菩薩放光、光中見菩薩像、爲滴水所淋、病瘉、發心朝臺、至東臺頂後那羅窟、見菩薩聖像、與夢無異、惻然動念、回家出已貲、鑄鐵廟一座、送至窟中、擁護金身、俾永遠不沾滴水。後臨終、呼子範、孫璽、與琦、囑曰·諸惡莫作·衆善奉行·大事已畢·吾往蓮城。說畢而逝。

附獅子窟創建十方淨土院碑（即五峯靈迹末之師子窩）

明　唐文獻（華亭翰林）

竊聞莖草炳陳玉宇·法界皆然。一毛恆轉法輪·衆生盡爾。然羈旅靡歸·有假天王之賜屋。險途思憩·須憑智者之化城。心珠久昏·識浪方涌。非毗婆舍那·無以瑩淨。釋妙奢摩他·何因止停。故有息心所棲·名爲精舍。無諍之地·號曰阿蘭。藉緣閒寂之場·蘄證菩提之果。匪今斯尚·自古攸崇。須達倡建於祇園·五竺因之棋布。漢明肇營於白馬·九州式以星羅。錫飛驅鶴·社結廬山之林。袖委藏龍·湖開邵武之刹。至若丹霞黃雲之墟·紫玉翠微之宇。金璧煒如覩史·閒侔秦望之鵲巢。琳琅璨若爛陀·寂等華林之虎穴。慧幢布影·妄知自破藤蛇。梵磬流音·塵夢頓空蕉鹿。況夫白業挺離日之峻·玄言擅彌天之長。沛八水而起焦芽·曜三明而導冥躅。爲九類智炬·闢三界覺津。諸有藉以拯溺·衆聖由之發眞哉。信功首人天·澤敷幽顯者也。逮夫法季·狐女登寶華之座·波旬竊釋種之衣。伊蘭糅出於栴檀·野干混迹於獅子。私法王之常住·染毛道之貪婪。致使業雲紛掩於法雲·愛水混淆乎定水。易首滌腸之侶·望焉遠離。煩羊渴鹿之倫·眷茲相結。韋馱太息·樓至悲啼。有雪峯上人·以杜多禔身·以毗梨範世。深愍支那之頹流·期復畢鉢之高軌。嘗遊淸涼山竹林嶺之獅子窟·見其地喬木森沈·雲興霞蔚·層巒杳窱·翠複紫環。顧瞻爽氣而情塵銷·容與靈區而陰宇廓·上人以爲可依神境·弘啓慧門。遵古宿之懿榘·振我佛之玄綱。於是伐煩惱之稠林·薙無明之荒草。唱導檀那·締構法苑。奠六度以爲基·樹三德而成廈。抗十通之楹·橑紏四攝之榱櫨。飾以道品之彩繚以法空之垣。聚是者·必力荷如來·志振宗風。參禪則拔少林之二桂·語教則探賢首之項珠。罔私眷屬·惟事熏修。俾瞻禮者·不必入法華·而對聖如神英。安居者·無事問飛閣·而談眞同道義。動容流眄·色總均提。觸聽感心·聲皆尊勝。盤足而翺翔金色世界·掩室而親近不動如來。是則威音往會·無閒斯時。豈云大智徽猷·徒懷先古。行且澍甘露於十方·綿佛日於三際·實曠劫良因·羣生盛遇也。余嘉乃事·敬錄其休。至如淨住之規·則具澄公所列。銘曰·惟人中師·作甚深事。妙樹法宇·

大庇無際。金色東往。蓮花西逝。斯宇一椽。靡不畢庇。嗟嗟凡劣。謚狹自棄。於此神宇。不能遊憩。上人嵩目漚和。解蔽鄧隱來儀。波利攸戾。厥在聖流。罔或弗至。凡聖同源。廣狹弗二。凡以有我。居廣若細。對物斯兩。疇克攸濟。聖惟無我。入小無涘。我不可得。物何成異。欲登斯宇。觀無我義。無我既證。自在遊戲。舉足下足。曼殊室利。

附獅子窟淨業記

明 李世達涇陽御史

清涼山中臺下。獅子窟。文殊室利乘獅化現地也。雪峯光禪師等。以約清衆侍佛結社於此。準李秉法會。靖恭開宇者凡二衆百二十三人。踐匡廬大賢之迹。使蓮漏世無絕聲。而期生上品。讀誦大乘。共推法師空印澄公等十二座。日闡摩訶衍。雪峯同予鄉人荊山大慈。自其社來乞記。曰。承第一座有言。阿彌陀者。西方佛也。經傳後漢支婁迦讖像入東漢摩騰姊子。眞丹安養緣熟。機通。九類九品。一折一攝也。而是九類生本一佛心。業動想成。相爲蠻觸。寧爲緇與素。觝靈與蠢角。若羣緇之分河羣靈之峻垣。可謂鬭爭堅固矣。至其競趨西方。若天傾物老。日沈月昇。晝然決然。無可禦止者。賢首之教尊華嚴。而華嚴勸生。其師有軌以係念。天台之教尊法華。而法華授記。其師有論以釋疑。少林之宗尊楞伽。而楞伽標往。其師有文以料揀。乃若天親五念。慈恩十勝。相宗者往焉。南山般舟。清照建閣。律宗者往焉。不空修儀。金剛灌頂。密宗者往焉。唯是魯邦苦縣。望兩楹三島而歸。幾成弱喪。然孔子之稱西方。卽列子之稱西方也。修靜斂翮於東林。曇鸞焚經於華陽。無論矣。彼龍舒舉魯論以習學。引軻書之熟仁。非念念常覺。以臻極樂。念念大慈。以具資糧之謂乎。言必稱堯舜。口念也。見不離羹牆。心觀也。範圍天地。周流六虛。道岸誕登。聖域優入。何取之下宗。與天上從後之權語哉。子記之矣。不佞嘗疑伏羲女媧安得往生。及觀正史。載庚詵生彌陀淨域事。竊謂史以傳信。無足疑者。彼康樂太白之讚淨土。曰詞人飾說耳。彼唐之房杜宋之文潞公王文正公德業炳著。柰何亟亟於斯。至司馬溫公每念中字。何異執中心法。而程子謂不如贈以念珠。默求其說。憬然有見於心具心造之旨。嗟乎人之失心久矣。障於五濁。障於三教。默守靈臺。鬼窟丹扃。徽其心。雖英雄豪俊。輒口呿而不下・未迨百年。肉團先腐。其視河東鸜鵒・潭州鴝鵒・依十二光佛・頓徹心原者・可以愧死。猶不勇猛精進・求所謂無量壽・無量光・無量清淨平等覺於今日。則一息不來・定生黑處。遊魂爲變・胡可執留耶。是獅子窟・青獅所吼。今爾二衆・獨不聞文殊師利之語法照者乎。憫末世衆生之囂馳・示覺體圓明之常住。念一佛・卽念諸佛・見色身・卽見法身。身從念生・不可得・返觀能念亦復然。窮無所得・盡流念定生西方極樂界。伐木當伐其本・淨土必淨其心。此大士先爲戒護・親見彌陀・念苦衆生・發此誠語。二衆誦之・名誦大乘。法師示之・名示大乘。是淸涼山主所垂明心之玄要也。而欲得其詳・於四土中更求棗柏歧分之十土。一門中更求義和編輯之多門。一念中更求懷感專稱之十念。逗根施教・文殊冥被法師・法師顯示二衆・取塗深入・用志不分・豈患喪家之久耶。於是普慧且營入社・螺髻瞥見珍林。金華滿房・行作光公瑞應矣。爰作記與之。

附獅子窟十方淨土院規約序

明　釋鎭澄

自古僧無常居。一缽一鉢。丐食而食。巖木冢間。隨遇而棲。塵勞物境。曾無戀著之心也。後以出家者衆。不得無統。初心爲道。不可無敎。故設叢林。推明眼者主之。所以攝漫散而敎初心也。故四海之內。凡爲生死大事者。來相依託。與之決擇。令其參究。必期人人徹了而後已。若馬祖選佛場。百丈大義社之類是已。故爲叢林主者。不以手自披剃爲眷屬。而以十方能爲佛祖大事而來者爲眷屬。是謂法眷屬也。至於後世則不然。凡僧之有爲者。或乞檀那以創院。或託權勢以鐫求。集信心貲財。爲之常產。剃俗家子弟。爲之徒屬。視嫡徒則若骨肉之親。拒禪客則若累世之怨。求若馬祖選佛場。百丈大義社。則不可得而聞矣。悲夫。近代以來。天下叢林。皆變爲私家院矣。雖有人師立十方院。然亦不能不溺愛於子孫。於其生也。名曰十方。及其沒也。盡爲子孫有矣。至於分烟割井。若俗家然。此亦人師所爲之不臧也。然而人心之好義也尙矣。故有一人立十方院者。檀施爭趨之。而吾徒不能爲者。蓋爲封乎有我之私耳。故天下私家院百。而十方院一矣。比來有等狡猾師。見十方院多檀施。始則假十方之名以邀利、及其成也、則廣剃貧民之子爲嫡徒、以付其業。由此十方禪侶、日見疎遠、以至杜門而後已。嗚乎、非馬祖再生、百丈復起、斯風亦莫能返矣。比丘智光淨立等、慨然興義、約諸宰官同袍、共建十方淨土院、卜之清涼中臺之陽、竹林嶺畔、曰獅子窟。林泉清暢、可爲招提。於是標草相與經營、而建造焉。肇事之初、共立義約數條、凡入社者、遵此毋違、庶乎古道復興、而眞風再振矣。淨住規約、列之于後。

一、是院既成、永與十方爲道者共、不許火主子孫受業。如有火主弟子家人、爭主其業者、坐盜十方僧物、送官究治、其主以大義共擯之。

一、是院無常主、每歲首推有德一人爲主、事無大小、悉聽施行。至歲終告退。如更請更住。周歲貪位不退者、共擯之。

一、招提財物、火主不得親收。當立十方庫司三人、一收執、一注記、一支用。

一、三時粥飯、一切平等、若主若客、不許私受飲食。私受一餐、罰米一石、除爲公務出入。

一是院本爲老病者設。凡僧六十而無歸者、入養老堂。四方僧有病而無依者、入延壽堂。

一每月十五日、僧布薩時、皆集。其所除百里之外、不至者罰齋。

一凡在社道友、如有病難等緣、在外卽搬取歸養。救濟等。違者主事者出社。

一凡在社者、如有違情、當和顏疏通。不許失容惡諍。犯者罰齋。

清涼山志卷第七終

清涼山志卷第八

第十名公題詠

紋鏤貝葉、函傳摩竭之城。色染蓮華、香襲那伽之境。鷲頭峯下、常演金口之微言。雞足山中、時宣玉毫之祕笈。影能摶而風能繫、墨花飄灑、非從一佛二佛三四五佛種善根。偈可拈而唄可歌、筆陣流傳、直以百生千生萬億兆生作佛事。況乎五頂奇巒、甲于雲代。九邊重鎮、界作華夷。爲塞上之名山、實人間之絕域。故四方善信、莫不瞻風。千載詞壇、咸思題韻。於是深林密箐、長留繡虎之詞。邃谷幽巖、不乏雕龍之句。堪爲名山生色、用啓後人景仰。志題詠。

五臺爲雲代靈壤、山川蟠鬱、林木豐茂。深巖大壑、蘊秀藏雲。朱甍翠桷、浮乎青靄。仙梵靈燈、現乎杳冥。至於生雲走霧、開闔晦明、千變萬態、難以名言。可謂人間絕域矣。釋傳文殊聖者、寓化於茲、而四方篤信者、罔不觀光焉。士君子亦有向慕茲山者、以地僻一方、造詣惟艱、故至者幾希。惟宋丞相張無盡、高尙覺皇之道，預感夢徵，銜命河東，嘗登是山，其所見聖境，尤非泛常者所能得其少分。既爲之傳以紀其事，復爲之詩以攄其懷。非一極至誠，曷克至此。今際聖明，文化熙洽，而士君子遊心澹漠者，悉多釋氏，故聞無盡清涼之作，莫不賡和，其見於詩林者，往往有之。雲中釋覺同者，僧中白足也。嘗南遊吳越，凡見名公釋道詠清涼者，採而歸，選而成帙，將壽諸梓，以傳不朽，命余爲序。余謂古有賡詩者，賡意不賡其韻。自唐始賡其韻，至宋元尤盛焉。茲詩不特賡韻，亦賡其意矣。且令曼殊境界，煥然發乎吟詠之間，則誦斯詩者，不俟登臨，而雲霞靈瑞，草木山川，了然契諸丹府矣。而同公之用心，可不謂之爲賢乎。時成化某年仲夏吉旦，

賜進士，禮部侍郎，前翰林學士，直東閣，同修國史，致仕，錢唐倪謙序。

詠五臺詩　　宋　張商英丞相無盡

迢迢雲水陟峯巒，漸覺天低宇宙寬。東北分明觀大海，西南咫尺望長安。圓光化現珠千顆，旭日初昇火一團。風雨每從巖下起，那羅洞裏有龍蟠。東臺

披雲躡雪上南臺、北望淸涼眼豁開。一片烟霞籠紫府、萬年松徑鎖莓苔。人遊靈境涉溪去、我訪眞容躡頂來。前後三三知者少、衲僧到此甚徘徊。南臺

寶臺高峻近穹蒼、獅子遺蹤八水旁。五色雲中遊上界、九重天外看西方。三時雨灑龍宮冷、一夜風飄月桂香。土石尚能消罪障、何勞菩薩放神光。西臺

北臺高峻碧崔嵬、多少遊人到便迴。怕見目前生地獄、愁聞耳畔發風雷。七星每夜霑峯頂、六出長年積澗杯。若遇黑龍奮霹靂、人間妄念自然灰。北臺

中臺岌岌最堪觀、四面林峯擁翠巒。萬壑松聲心地響、數條山色骨毛寒。重重燕水東南闊、漠漠黃沙西北寬。總信文殊歸向者、大家高步白雲端。中臺

五頂嵯峨按太虛、就中偏稱我師居。毒龍池畔雲生慄、猛虎巖前客過疎。冰雪滿山銀點綴、香花徧地錦鋪舒。展開坐具長三尺、已占山河五百餘。總詠五臺

和詠五臺

明　唐文煥國華 鎮江

振衣扶杖上層巒、臺上長吟老興寬。地勝有緣方許到、心空無法可能安。淡烟滄海

波光迴，紅日中天塔影團。笑指文殊埋髮處，行人常見紫雲蟠。東臺

天風吹上妙高臺，滿眼山光紫翠開。鐘破晚烟清落澗，履拖春雨亂黏苔。水邊呪鉢龍飛出，松底翻經鶴下來。一坐清涼絕塵事，浩歌歸去幾徘徊。南臺

淡烟籠樹靄蒼蒼，環繞西臺古道旁。月小更知山勢險，天空應見地形方。瀉來聖水迢迢綠，流出仙花片片香。最愛老禪棲隱處，祕魔巖畔好風光。西臺

上方臺榭枕崔嵬，躡磴捫蘿百轉迴。鴉度晚林斜背日，龍眠天井暗驚雷。好山如對丹青畫，滄海疑傾瀲灩杯。歸去京華千里外，白雲回首也心灰。北臺

笑登絕頂縱遐觀，身在穹窿第一巒。花雨亂飄千片錦，松風常作九秋寒。眼空海嶽塵中小，心與乾坤分外寬。記得鳳城明月夜，幾回飛夢繞臺端。中臺

鐘磬泠泠落紫虛，化人宮殿自成居。光生珠樹佛燈近，香散石壇花雨疏。靈沼月來金鏡小，遠山雲去翠屏舒。朝簪羈卻登臨願，北望清涼思有餘。總詠五臺

和詠五臺

明　史監 元昭 江蘇

犖峯歷盡到巔巒，極目淸涼境界寬。山入雁門眞設險，地藏佛國卽長安。雨來絕澗自成響，雲度碧溪時作團。花落經臺鐘梵寂，袈裟香靄翠雲蟠。東臺

翠拔南天第二臺，天成圖畫一方開。巔崖有路皆懸石，古樹無枝半是苔。潭龍起處電光走，木客嘯時山雨來。俯仰獨懷千古意，詩成倚杖漫徘徊。南臺

西臺屹立逼穹蒼，紫翠遙分太白旁。天設奇峯卑兩晉，神開金地鎭殊方。洞霞結彩春無際，琪樹生花夜有香。東望海門纔咫尺，月明時復吐珠光。西臺

攀蘿捫磴上崔嵬，十步丹梯九折迴。夜盡高峯先見日，雲深陰洞自藏雷。飛泉影落銀千尺，老桂香分露一杯。到此都忘塵世念，爭教心慮不成灰。北臺

上方樓閣聳奇觀，金磬泠泠度翠巒。深樹浮嵐晴帶雨，陰崖積雪夏生寒。鶩行與屭星辰近，雲氣氤氳宇宙寬。何處紫簫吹落月，不勝淸思繞巖端。中臺

懸崖削壁勢陵虛，中有金仙遁迹居。天近星河常掩映，雲深草木自扶疎。六時花雨含香落，五夜神光帶月舒。絕頂登臨飛鳥外，一聲長嘯海天餘。總詠五臺

和詠五臺

明　胡鎭　涵素　錢塘

喜共眞僧陟翠巒，笑談殊覺道懷寬。無窮世事機前息，一點靈臺靜裏安。險峻只宜扶竹杖，淸幽端可坐蒲團。那羅巖下蛟龍惡，彈舌從敎鉢裏蟠。東臺

淡烟縹緲隔仙臺，混沌鍾靈始鑿開。霜葉半林紅露寺，石碑一片綠封苔。晴空花雨有時下，樹杪金燈幾度來。感應曾聞張相國，令人追憶幾徘徊。南臺

老我登臨鬢已蒼，孤吟倚杖翠微旁。重重雲樹連西晉，漠漠風烟控朔方。獅子有靈曾印蹟，蟠桃無歲不生香。曼殊境界吾能到，寶樹長懸不夜光。西臺

歷徧龍巖共馬嵬，何如此地漫周廻。遊人每憚峯頭雪，定叟無驚檻外雷。平見斗罡明似燭，靜觀塵海大如杯。老夫屢有棲山志，爭奈凡心尚未灰。北臺

中峯高處縱吟觀，四面芙蓉聳碧巒。日影平臨金塔曉，天光倒浸玉池寒。隔林鐘梵徐徐度，帀地樓臺望望寬。爲愛此中多勝槩，都將收拾入毫端。中臺

五峯凝翠溢寒虛，云是金仙舊隱居。祇樹有花從代謝，閒雲無意任親疎。纔登絕頂

頻回顧，便覺愁眉一展舒。萬壑千巖皆勝境，芒鞋踏徧肯留餘。總詠五臺

和詠五臺寄夢遊五臺

明 朱友松代藩宗室

夜來飛夢到雲巒，境闊令人心亦寬。佳致每從高處得，浮生誰解靜中安。蘿窗香散燒雲母，竹院烟斜煮月團。最愛白雲巖下景，長松落落翠蛟蟠。東臺

夢中縹緲上南臺，長嘯峯頭宿霧開。問道頻敲松下戶，尋幽徧踏澗邊苔。雲中樓閣憑高下，谷口雲霞自往來。淡月未移疎竹影，莊周蝴蝶幾徘徊。南臺

西峯寒色暮蒼蒼，夢入烟霞古澗旁。紫府笑登山隱隱，清涼坐愛石方方。雲中採得薇偏美，花裏流來水自香。何處鐘聲幽夢破，一窗蘿月淡秋光。西臺

夜來彷彿躡崔嵬，空自臨峯笑幾迴。一枕梅花飛蝶夢，半簾梧雨響蛟雷。未聆石上三生話，先獻巖前萬壽杯。見說箇中生地獄，夢魂塵慮悉全灰。北臺

夢上中臺縱大觀，羣峯似髻聳晴巒。石屛影落天涯暮，瀑布聲來樹杪寒。始覺心衷無所礙，方知眼界自然寬。滿腔贏得春如海，無限波瀾到筆端。中臺

五點青螺印碧虛。翠微深處有僧居。花開曉嶂幽禽集。雪擁衡門過客疎。偶爾夢隨明月去。悠然心共白雲舒。歸來無限清涼興。盡付愁吟醉詠餘。總詠五臺

和詠五臺

高榮 仲顯 金陵

雲飛霧卷露層巒。日射瓊臺法界寬。勢插斗杓千疊險。根維坤軸萬年安。樹聲入耳波翻海。嵐氣蒸衣翠作團。攀盡藤蘿嗟力倦。何殊蜀路走千蟠。東臺

翠屏天設壯南臺。臺上禪宮魏帝開。日影浮香僧曬藥。烟光破綠鶴眠苔。化城鐘磬忘昏曉。塵境輪蹄絕往來。笑指赤崖幽寂處。山雲孤鶴自徘徊。南臺

石磴崚嶒山色蒼。登臨如在紫垣旁。孤蟾入夜懸中界。八水流春到下方。日暮芙蓉呈好景。秋深薝蔔散餘香。題詩遠繼張天覺。添得雲山草木光。西臺

嵐侵斗柄鬱崔嵬。勞我躋攀恣往迴。寒氣逼人飛夏雪。泉聲落澗響晴雷。靈蹤猶見心爲石。浮世空傳羽化杯。最喜山房留款夜。地爐煨芋撥殘灰。北臺

憑高竚立豁遐觀。五髻參差列翠巒。嵐色夜浮禪榻冷。鐘聲曉度雁門寒。雲中樓閣

重重現，物外烟霞面面寬。好景滿前吟興發，自驚珠玉落毫端。中臺

嵯峨山勢半陵虛，野衲相逢問起居。天迥始知塵眼豁，地偏應覺世情疎。鷲峯雲斷青螺出，龍沼光浮翠練舒。我欲此中成小構，殘陽歸老樂何餘。總詠五臺

和詠五臺

明 高得裕 羽士 金陵

芒鞋竹杖蹋層巒，萬里烟波極目寬。世事每驚流水去，禪心常若泰山安。花開錦樹霞千片，鶴立蒼松玉一團。昨夜瀾翻千嶂雨，神龍只在鉢中蟠。東臺

杖藜迢遞上南臺，臺上奇花映日開。黃鳥鳴春依碧嶂，紫蘿含雨濶蒼苔。塵機盡向閒中息，詩興多從靜裏來。吟罷芙蓉新月上，更堪拽杖一徘徊。南臺

瑤臺紫氣射穹蒼，沱水行山繞四旁。地涌奇峯標上界，天成佳境異諸方。日移芳樹高低影，風動幽蘭遠近香。百草頭邊明歷歷，不須更覓白毫光。西臺

支郎結社傍崔嵬，瑞鳥靈禽日往迴。座上袈裟生雨霧，筵前鐘磬雜風雷。白雲拖練浮金井，丹桂飄香入茗杯。莫把豪華來換我，五侯七貴久成灰。北臺

紫翠峯頭縱遠觀。中臺氣概壓羣巒。風來草木天香遠。雨歇谿山松籟寒。行處不聞絃管沸。望中唯覺海天寬。要知前後三三語。須把玄機叩兩端。中臺

五朵芙蓉聳碧虛。雲中臺殿梵王居。法門靈迹觀來異。人世囂塵到此疎。菡萏華敷濃復淡。兜羅界現卷還舒。怪來空翠生衣上。山谷嶙峋夜雨餘。總詠五臺

和詠五臺

明　釋覺同　無礙雲中

度險陵寒上翠巒。東臺風景望中寬。深藏佛國乾坤大。遠鎮皇圖社稷安。天雨寶花香冉冉。海浮紅日影團團。幾回笑指蓬萊島。三點青螺似髻蟠。東臺

天連紫府聳層臺。下控南溟一鏡開。行繞羊腸通絕頂。笑看虎迹印新苔。毫光每自空中現。雷雨翻從澗底來。因想玉堂佳製在。臨風追和獨徘徊。南臺

西頂巍峨接遠蒼。回瞻鄉國白雲旁。孤峯聳翠連三晉。八水分流潤四方。晴日野花鋪蜀錦。秋風仙桂落天香。當年獅子曾遺迹。巖谷常浮五色光。西臺

北來乘輿上崔嵬。天外捫蘿鳥徑迴。寒谷未秋先落葉。陰崖不雨自生雷。低懸銀漢

星千點俯視滄溟水一杯笑指曼殊棲迹處幾經劫火不曾灰北臺

中峯崒嵂可人觀勢入空濛聳翠巒良夜現燈能破暗炎天飛雪忽生寒川原渺渺諸山小海宇茫茫大地寬何用下歸塵世去願將蹤迹老臺端中臺

山勢崚嶒翠靄虛神僧曾此卜幽居雲埋紫府龍蛇混地隔紅塵車馬疎五朵芙蓉從地涌一方圖畫自天舒誰知半榻清涼石遊客能容五百餘總詠五臺

和詠五臺

明　釋鎮澄空印　燕京

翩翩一錫上巔巒極目乾坤逸興寬歷歷明霞窺大海重重紫氣望長安雲舒大漠綿千縷月涌滄波玉一團從把太行移北冀皇畿迢遞大龍蟠東臺

巍峨嶢屼是南臺無限嵐光照眼開古佛巖前長吐瑞曼殊牀畔細生苔迢迢磵水流清去帀帀雲山疊翠來十載空懸青靄夢杖藜今日始徘徊南臺

西臺鬱鬱接穹蒼樓閣門開八水旁見說善財詢有道卻疑曼室住無方坐霑雲霧袈裟溼行蹋莓苔草屨香莫向禪關重叩啓峯頭殘月露眞光西臺

梵王宮殿倚崔嵬、鳥道穿雲天際迴、山鬼吸呼生霧雨、毒龍吟嘯卽風雷。仰瞻斗柄摩金刹、俯瞰滹沱瀉月杯。何事頭陀身寄此、爲渠心慮久如灰。北臺

中臺倚杖縱遐觀、突出孤峯壓衆巒。古木崖前看鶴逸、太華池畔照人寒。自憐世事塵中擾、靜覺諸天象外寬。覽盡烟霞無限境、漫將吟興付毫端。中臺

金口曾談事不虛、靈峯誰隔聖凡居。情知大士身非遠、叵耐衆生念自疎。芳草和烟寒更綠、山雲帶雨卷還舒。狂機歇盡無生滅、始信人人絕欠餘。總詠五臺

遊五臺詩

明　王道行 方伯 晉陽

七寶遙瞻五色蓮、一筇挑破上方烟。懸崖徑仄危難度、出谷峯迴缺又圓。虎豹狺狺驕白日、芙蓉面面插青天。衝飆失卻投林鳥、路滑須妨遇石遷。入山

臺引吳閶練影同、雞鳴曉日已曈曨。身名都付浮雲外、眼界直窮滄海東。一氣混茫何所有、九霄縹緲若爲通。年年草色春先吐、知是山靈長育功。東臺

伐木丁丁日影疎、猿吟虎嘯傍僧居。雲穿兩袂行相失、雪散諸天畫不如。南極老人

迎杖屨，西方大士借蘧廬。疑情莫問抛刀事，直往誰當廣額屠。南臺

平原萬木吐芳叢，臺上餘寒迥不同。落落龍翻尋母石，翩翩鶴御上仙風。近天白馬山程苦，反照青林色界空。到此自無諸嗜好，歸心極樂梵王宮。西臺

日御熙熙步曉晴，蒼山一片杖頭横。天從北斗樞中轉，人在毗盧頂上行。風伯霽威如好客，臺卿拱手似從兄。不緣健鵠飛難到，積雪何由與寺平。北臺

芒屩麻衣冷不禁，玉臺縹緲梵宮臨。交參賓主知中位，不辨龍蛇證佛心。二室區分名並遠，雙林地勝興堪深。洽然止水清人意，常涌文殊脚下金。中臺

千華成塔自何時，七寶新瞻結構奇。曾是神僧飛錫去，俄傳文母下檀施。空中鐸引鈞天樂，庭際龍蟠護法碑。怪底曇花常一現，太平天子本無爲。塔院寺

詠五臺

明　滕季達　吳郡處士

望海峯頭玉樹秋，羽翰遙共白雲留。金鋪宇宙三千界，翠擁蓬萊十二樓。風露淒其生阮嘯，星辰錯落粲吳鈎。雞鳴欲眺扶桑日，鐘鼓宵殘尚拍浮。東臺

五嶽高標是祝融，南臺嵂崒更稱雄。磐陀石上諸天近，圓照光中萬劫空。大野烟霏橫紫塞，高原落日麗丹楓。重重錦繡山靈護，不與塵凡色相同。南臺

一輪寶月挂西岑，萬壑松濤覺海音。檻外星河秋皎皎，席前村郭夜沈沈。梵鐘聲散鰲魚界，貝葉光搖獅子林。莫道衆生無舍利，維摩元是本來心。西臺

鄉風白羽正翛翛，樓觀參差傍斗杓。騁目黃河西域近，振衣青漢北溟遙。牽牛夜半愁砧杵，素女臺端引鳳簫。一吸金莖三百斗，興來渾欲駕雲飆。北臺

壁立中臺萬丈峯，半空空翠落芙蓉。千年古塔函金象，滿谷寒冰臥玉龍。晴壑倒懸南磵瀑，春雷隱約下方鐘。青鞋久混緇黃迹，瑤草天花處處逢。中臺

詠五臺

明　邢雲路　進士

清秋有客御風來，直上梯空望海臺。白社逢僧談上乘，青山無地著塵埃。蜃蒸溟渤千靈現，烏出扶桑萬竈開。欲覓慈航何處是，歸依從此渡輪迴。

詠五臺

明　鄭　材　進士

百轉羊腸蹊徑幽。五臺崿崿擁神州。扶桑影動烏光出。溟渤寒生蜃氣浮。東海聖人靈欲祕。函關老子事堪求。乘空寓目曾何極。萬里風雲此盡收。

遊臺感興古風

宋 李師聖 濮陽太守

梵書五頂清涼府。冬冰夏雪無炎暑。我來七月秋正寒。何況蕭蕭巖谷雨。偶爾雲開煦氣生。溶溶滿目烟光聚。眞容古基鷲峯寺。高山之麓雄今古。西方樓觀縹緲間。粲然金碧蓮華宇。懸崖峻嶺架大木。神物所持憑險阻。金璫垂空殿簷響。森森鐵鳳相交舞。憶昔文殊出火宅。金剛寶窟通眞土。牽牛老人飲玉泉。二子一犬隨貧女。變化無方利有情。知是西天七佛祖。重聞清涼境界眞。無窮陳迹書妙語。我有誠心頗出羣。瑞應神奇目親覩。須臾光相現咫尺。玉洞金燈明可數。松影搖空山谷中。夜寂太陰隱龍虎。丹樓碧閣香案前。敬畏生心誰敢侮。從來昏迷如夢迴。前三後三愼莫取。我今不作前後想。香烟稽首清涼主。

送斷崖禪師遊五臺歌

元 釋明本 中峯

五臺山在天之北、師子吼處乾坤窄。我兄曾解師子鈴、擬向山中探幽賾。文殊老人
雙眼黑、一萬菩薩滿坐莓苔石。只遐倒卓鐵蒺藜、一齊趁入無生國。諸子去時誰繼
踵、盡將五臺攝入草鞋雙耳孔。虛空滿貯赤玻瓈、笑看祕魔巖石動。歸來說與傍人
知、德山臨濟皆兒嬉。今生元無佛與祖、就手拗折烏藤枝。坐斷高高峯頭那一著、銀
山鐵壁人難窺。翻思少林九載面空壁、千古萬古知誰知。信手拈起一莖草、總是金
毛獅子威。

清涼契道歌

明　釋徹照　雁門

我曾瞻禮文殊叟、親聞震地獅子吼。胷次狐疑悉蕩絕、日午面南看北斗。五峯森聳
侵天長、俯視衆刹如鋪張。大地山河作金色、樹林池沼騰輝光。寶劍倚天寒、聖凡情
盡掃。五百賢聖僧、當下離煩惱、靠倒釋迦老子、掀翻居士淨名。釋迦分疏不下、居士
飲氣吞聲。殺活縱擒出思議、逆行順化超常情。刀山與淫舍、常談四諦輪。耳根塞卻
方眞。聞大智洞明非外得、屠沽負販皆玄門。道人擬欲重相見、翻身拶倒光明殿。頂

門眼正沒嫌猜。物物頭頭全體現。從此徧遊諸佛剎。於諸佛所聞妙法。一一三昧得總持。利他自利原無乏。

送友之五臺諷華嚴有引　明釋宗林朽庵

伏以如來富貴文章。最宜披玩。菩薩清涼境界。正好遊觀。懷香同發。一心曳履各勞雙足。對長亭而話別。說短偈以送行。勿憚路遙。且防春冷。杖挑明月。衲惹烟霞。只圖行色光輝。不管擔簦沈重。聊供一笑。高挂五臺。歌曰。

五臺山清涼境。文殊菩薩留蹤影。谿冰谷雪最難消。三春一似三冬冷。巖花馨。巖樹青。山名久在華嚴經。四面環基五百里。毒龍猛獸皆潛形。中臺好。生細草。頂上無塵何用掃。四十里高接半天。遠望滄溟一杯小。東臺高。愁猿猱。春無野杏幷山桃。三十八里路雖險。遊人不說雙足勞。南臺寂。少人迹。下有清泉從此出。路自根頭至頂頭。計里還高三十七。西臺寬。西風寒。三十五里登臨難。法祕巖中長松樹。千年翠色成奇觀。北臺險。雲常掩。遠觀恰似丹青染。金猊背上駕文殊。行處紅塵無半點。遊五臺。

眞快哉・不辭辛苦年年來。感應隨機或相遇・百千萬刼同消災。古庵院・多更變・勅建光明銅瓦殿。覩玆恩典慶幸多・文殊更覩黃金面。衆沙門・思報恩・懷香遠謁不動尊。經諷華嚴解深意・普賢行願堪同論。心香妙。心燈照・文殊歡喜亦含笑。芒鞋步步蹋清涼・三有四恩同一報。松風清・松月明・搜窮聖迹方還京。心與文殊默相契・慈悲廣度諸衆生。明年春再如此・未到五臺心不死。憑君寄語老文殊・借我金毛小獅子。獅子來・我便去・終身只在臺山住。東西南北遊臺人・莫道雲深不知處。

登清涼石有感賦此

明　岳梁 國濟 通州

君不見清涼山前異靈石・一片方方大如席。云是文殊說法座・千古流傳誇勝迹。我生聞說自孩提・將信還疑難考索。寄慕玆山四十春・苦爲浮名縛冠幘。邂來謫宦遊汾陽・行旌北指臺山岡。躋攀萬仞不憚險・清秋氣爽披清涼。石旁拭目辨眞僞・恐惑禪家虛誕累。殷勤立石徧招呼・僕夫累百堪容萃。始信空中色相眞・石能幻化通靈神。石靈愈信文殊道・道神常顯空中身。空中身・靈山塔・我問靈山山不答。異石中藏玄妙機，識破玄機輸老衲。老衲前知石性靈，坐石談經神鬼聽。經餘曉月諸山淨，神光繞石天花馨。

登清涼石賦　明　邢雲路

四圍山面面九步石方方。石方方，何清涼。廣容千萬衆，傳者疑荒唐。觸蠻蝸國戰，大地黍珠藏。睠茲九步石，行者宜徜徉。茲石能令來者行，茲石能令行者悅。茲石自清涼，人心自煩熱。

懷五臺詩　明　王廷策 對揚 蒲圻

五臺天下名山也。轄代，予守代三年矣，而不得一覽其勝，作詩懷之。

出守因緣有五臺，登遊未遂重徘徊。文殊聖迹千年在，向子幽心五嶽催。歲歲天花開法雨，山山佛火映空陔。何時兀坐清涼石，悟到無生隻履回。

遙望臺山二首。時宰五臺縣。　明　高數仞 孔垣 關中

曾涖五臺邑，遙瞻紫府山。疎鐘寒雨外，野寺暮雲間。至聖誰能覩，遊人空自還。欲明

前後偈須過上頭關。

夢遊清涼（嘗夢登一山·高峻無極·疑若五臺。）　高數仞

一夕清齋夢神登古佛臺。嵐光長掩映·雲影共徘徊。煉性求眞火·逢僧問劫灰。慈航何處是假·我渡輪迴。

懷空印澄公　高數仞

萬木寒山外·澄公遁迹居。已空塵世夢·樂誦覺皇書。養性貧禪悅·支形藉飯蔬。何當隨杖屨·導我禮曼殊。

宿東臺詩　明　趙夢麟（永年司馬）

瓊樓標象外·日暮野雲孤。北斗當窗列·西天近座隅。羣峯歸冥漠·大地入虛無。此際吾高枕·乾坤一夢圖。

觀日　趙夢麟

晨起憑虛眺大東·紅輪閃爍出龍宮。圓明箇是眞如相·普照迷方萬國同。

送光上座歸臺山四首。時撫甘肅。　明　曹子登以薦巡撫

飛錫東迴萬里賒。玉關春色映袈裟。塵寰不識曹溪路。獨臥空山對月斜。

雲鎖山腰塔影孤。禪林掃月聽猿呼。衲衣猶帶天門色。疑是百城訪道徒。

五臺高擁碧崔嵬。不斷濤聲萬壑來。遙看獅窩雲護杖。老僧出定夜深迴。

寒潭月影淨禪心。我愧無緣接道林。見說雪山天萬里。長風吹送海潮音。

遊臺山清明值雪　明　鷗江雲中

故國清明雨。高山作雪飛。藏名甘閴寂。遠市厭輕肥。謝客雲連社。虛窗霧染衣。春鴻頻送目。飄泊澹忘歸。

獅子窩訪空印禪師不遇　鷗江

結社傍山阿。曇花繞澗多。聲名傳宦海。音問隔恆河。雲障菩薩頂。風號獅子窩。特來尋不見。應是問維摩。

登清涼石賦　明　鄭材進士

勞勞遊宦子·坐此清涼石。頓似超苦海·剎那化國適。曇雲萬壑生·寶山四面闢。緊此五臺奇·浩劫誰擘劃。茲石不盈丈·一何靈異積。廣容八部衆·廓然摩詰宅。芥子納須彌·斯談信確實。

清涼契道歌并引

明　釋德寶笑巖

予登清涼·冬觀五頂如銀·卽知菩薩示剎白淨露之眞體。夏覩千峯似錦·卽知菩薩彰圓融具德之妙行。此二不二·體用一如。用心及此·忽然念斷·心境兩忘·共曼殊大士於石火光中·暫一見耳。乃爲歌曰。

權輿化物誰云造·一切無心合至道。道合無心渠自知·知及無知渠不疑。無心無知終無已·可中有數自成褫。成褫有數渠非豫·脫體如愚任運去。泝流任運復逢原·芙蓉開偏我師軒。我師深隱懸河辯·萬疊錦峯雲夜卷。

登那羅窟有感

明　釋眞可紫柏

君不見·太樸未鑿混沌始·情與無情無彼此。瞥然一念是誰生·骨肉山河成礙塞。那羅窟、甚深密、底裏空明不可測。見説神僧向入中、雲邊千古遺包笠。聞其風、我亦來、幽巖感慨增徘徊。自慙身見仍還在、菩薩有門不爲開。一直上、莫分別、凡聖都盧乾屎橛。當頭若許著思量、石人腦後重加楔。由是觀、休外參、眼聲耳色髑髏寒。常光一片色非色、乾坤攝取一毛端。又不見、維摩丈室十笏許、百千師座皆容處。若言老漢弄神通、分明瞌睡成錯去。這妙用、孰不有、吃飯穿衣記得否。自是男兒不丈夫、超踔金毛變癡狗。風吹草本非賊、望影狺狺吠不息。及乎大盜劫主人、煩惱刀鳴遂竄匿。業酒醉、何日醒、碌碌浮華俱酩酊。輕裘肥馬送時光、愁殺相知多此病。且由他、各管自、沐猴性躁方痛治。好惡關頭林木深、上下何曾有定止。鞭其後、即回首、叱去呼來不敢扭。掌中繩索尙相持、禪翁謾笑狂奴醜。明道易、履道難、習水情潭豈易乾、不是一番拌命做、説時似悟用時瞞。話到此、淚如雨、滴滴皆從肝肺吐。相逢罕遇箇中人、愁人莫向愁人語。既有苦、必有甜、陰盡陽回洞口乾。閒來暴背解麻衲、寧知身在重巒間。夜來趣、忘人情、萬里烟波海月生。設使侯王知此境、便教弊屣視功名。

爲寶峯禪師賦

明　釋眞可　紫柏

馳馬試劍少所長，一旦斷髮依空王。日用維持我怕我，誠乃觸境清涼方。種來麻麥資主病，四百四病難爲殃。南臺雅俊卓乎前，朝暮雲物頻蒼黃。鳥道迢遙車馬稀，齋餘靜坐燒異香。從他人代英雄生，那知大地各分張。君不見望中樓臺花錦處，刼初浩渺魚龍藏。功成名遂世爲上，道人視之如黃粱。伏枕未經彈指頃，入相出將何忙忙。其如老衲居層峯，萬事從來弗挂腸。

山居四首

明　釋德清　憨山

此身元是寄，暫住卽爲生。不屬人間有，何居世上名。大千觀去小，萬物自來輕。破釜沈舟計，而今借令行。

塵海誰能度，空居我獨任。風雲千載事，冰鐵萬年心。古木留春淺，寒巖積雪深。祇因貪縱臼，長踞最高岑。

勞生如逆旅，天地卽蘧廬。已見眞非假，纔知實是虛。龍門依藉草，鼠壤拾餘蔬。儘有閒田地，誰當共荷鋤。

日月誰將去，春秋似大迷。不知人寂寂，但見草萋萋。聚鹿勞揮塵，羣峯費杖藜。倦來方假寐，何處叫山雞。

宿龍門精舍爲衲雲讓公賦　　明　釋寬悅長干

珍玆玄徒人，嘉遯逃空谷。初中後夜分，坐臥行來獨。定慧等持心，春秋良自牧。室中竹篦語，階下龍虎蹴。白石靜爲鄰，青天磬如屋。厲風卷塞雲，萬木驚號哭。玉磵踐冰雪，松杉蕩炎伏。大智友文殊，埋塵混魚目。而我陟五頂，參尋徧無復。山風冷颼颼，靈臺深穆穆。芙蓉剷空蒼，錦繡敷林麓。神光攝慈顏，天花墮緇服。布衲備頭陀，金環覺一宿。寂滅菩提場，究竟隨飲啄。丐此龍門居，言陳願自復。投身一壑中，清涼謝煩燠。不像四方人，東西競馳逐。

登中臺有感　　明　釋寬悅

日月雙輪五頂明，徘徊殊覺一身輕。祥雲忽涌金毛現，風雨時來舍利鳴。塔控諸天光叶斗經函半偈勝連城。若能析骨書弘願・刹海菩提果頓成。

送僧遊五臺　明 釋洪恩雪浪

偏參南北了無從・瓢笠經行萬壑松。螺髻雪中旋五頂・鷲頭雲外宿諸峯。平鋪世界光懸鏡・倒射關門日下春。草樹總彰前後偈・漫尋童子不知蹤。

夢遊神境詩并引　明 釋鎮澄

往予於萬曆乙亥歲・聽一江老人講華嚴於燕山之隆化。於時景慕菩薩住處・卽馳神五頂・託志清涼・以塵緣碌碌・復經五載。至庚辰秋・禪源敎海・一無措心・自知根器淺陋・不足以載斯道・遂罷遊講・肆而企慕清涼之心日益切矣。是秋九月初夕・俄爾一夢・適茲神境・然其所見萬狀交輝・羣眞穆穆・實非人間山林境比也。乃作古風一首・略以志其萬一云耳。

久慕清涼境・日遠凝機思・月明半窗戶・秋風淅瀝時。杳然適清夢・縹緲天之西。五峯凝黛色・千磵流清滋。錦烟籠月殿・寶樹磨瓊枝。奇花香馥馥・好鳥聲鶮鶮。巍哉妙德尊・飄然駕狻猊。諸天擎翠蓋・仙人散紫芝。羣眞率嚴衞・釋梵相追隨。光幢蔽白日・天樂遏雲馳。上懸百尺纛・大書七佛師。列聖馭雲霄・蕩然而逶迤。陟彼黃金殿・地帀青琉璃。中聳蓮華臺・上有珠網垂。文殊坐其中・肅爾若冰池。梵音洞玄賾・爲我宣眞慈。四句不可說・百非亦以離。向上有玄關・千聖絕施爲。我聞如甘露・既喜且復悲。夜雨溼芭蕉・忽聽聲斯斯。驚覺開雙眼・觸物仍沈迷。何當得眞詣・一洗多生癡。稽首大智王・斯言當證知。

師子歌

明　釋鎭澄

君不見五臺山上師子踞・師子窩在雲深處・師子說法師子聽・百獸聞之皆遠去・大師子・小師子・猛烈威獰誰敢擬。爪牙纔露便生擒・顧佇思惟言下死。不說空・不說有・四句百非不著口。金剛寶劍倚天寒・外道天魔皆斬首。不是心・不是佛・父母未生全底物。無量劫來絕點痕・癡人欲解夢中縛。不屬迷・不屬悟・白雲斷處青山露・丈夫拶透兩頭關・天上人間信獨步。也無玄也無妙・一切平常合至道。等閒拈得火柴頭・擊碎人間無價寶。達磨宗・般若旨六代相傳祇這子。馬師翻作塗毒聲・衆生聞者偷心死。師子吼・逼乾坤直前跳躍忽翻身。小師子兒猶迷影・野干狐兎那窺眞。德山棒・臨濟喝・亦能殺・亦能活・臨崖一拶命根休・三藏玄機無不奪。師子王・忽嚬呻・虛空走須彌嗔・無邊刹海現微塵。文殊普賢忙不徹・擁出如來大法輪。法輪轉無休歇・五十三人得一橛・樓閣門開須善財・頭頭拶出光明月。闕俱圓・圓俱闕・一毛端上同發越。衆生空界有窮時・此法滔滔無盡竭。

懷妙峯澄印二師長歌 有引

明　釋鎮澄

蒲坂妙峯・金陵澄印居龍門。蓬壺道人守河東・因視戍・登清涼・聞其道・過龍門而見訪。本分事外・言及臺山之廢。二師泣曰・茲山賴有幽林深谷・禪者藏修。今山民砍伐殆盡・公如不護・則菩薩勝境・不久殘滅矣。況茲山實國家內藩・保固邊防・亦國宰之職也。公頷之・呈於撫台高君・奏請禁革・砍伐乃寢焉。實二師之力也。今乃舍此遠遁他山・千巖隱者・感慕依望・有至泣下而不能自已者。余乃發爲長歌・以頌其德。亦以見茲山廢興所係云。

震旦有山名清涼。五頂鬱鬱接穹蒼。千巖萬壑嘉木長。玉芝瑤草凝清香。曼殊大士眞寂鄉。一萬開士協贊揚。自古崇眞帝與王。生民得以沐休康。棲寂之流數無央。剏心咸得悟眞常。天龍扶衛不暫忘。是故茲山久乃昌。世遠道衰聖哲亡。魔力盛兮法力尫。凡民侵暴不可當。靈木盡遭斤斧傷。易我居兮奪我糧。寒巖隱者皆驚惶。大士端居常寂光。潸然淚下沾天裳。咄哉斯民何猖狂。欲毀如來化法場。顧彼一萬童眞行。誰能爲我拯頹綱。中有賢善二吉祥。稽首合掌立其傍。賢兮德比妙高衆寶莊。善兮心澄海印湛汪洋。自云我力能恢張。卽乘悲願爲舟航。二人握手且徜徉。歸來卓錫叶斗峯之陽。不知歲月幾風霜。但見四山數數青復黃。舌頭刺血血淋浪。書寫雜華無盡章。刻苦眞修不可量。嘉聲浩爾聆八方。王公聞者來相將。或從之求度。或爲之金湯。乃以慈悲力。驅彼豺與狼。不敢折其枝。況敢求棟梁。由是道人居遐邇得安藏。所作亦大奇。於己猶粃糠。功成而不有。遂別臺山岡。長空雲渺渺。曲澗水琅琅。哲人向何處．令我長相望。何曾長相望．更有無限藏修老衲．聞君歸去．無不斷枯腸。

同李令君佩韋．登南臺．書於月川丈室。　明　唐公靖理髯太原

日朗雲開萬界明．忻逢此地話無生。齋分香積偏餘供．諦聽如來若有聲。解脫可能空五蘊．昏沈轉覺墮三彭。木魚敲罷人天寂．會見衆生入化城。

送僧遊五臺二首　明　鍾　英進士鄞下

囫圇法界內．策杖欲何求。念歇無生滅．機圓任戲游。風生千壑爽．雲捲萬山幽。只這文殊是．五臺一掌收。

箇裏雖無事．法門行欲全。一塵含大界．百刹繞諸天。知識參來徧．菩提道始圓。文殊非獨智．莫惜草鞋錢。

贈竹林寺方丈月川禪師　明　吳用先浮渡

法照重來開法筵．香林翠竹宛如前。坐揮玉麈超三乘．定入蒲團悟十玄。註疏毫端飛義虎．談經舌上吐青蓮。暫辭塵鞅來仙地．入室同參不二禪。

文殊菩薩讚

明　王爾康進士

誰爲法王子。誰作七佛師。劫前證龍種。雲外吼金獅。去來杳無定。語默恍難期。持劍逼如來。咄嗟亦何危。三三重三三。外人那得知。緬彼金色界。可見不可思。

清涼遐思

明　釋鎭澄

久慕清涼境。未遂清涼遊。塵緣竟碌碌。遐想空悠悠。所思不在山。希覯大聖顏。聖顏在何處。縹緲虛無間。我欲往從之。何由生羽翰。羽翰不可到。情關萬里漫。報爾遊臺人。休索別思量。情忘關亦空。當處卽清涼。文殊只這是。元不離羹牆。

清涼山志卷第八終

附錄山堂法師念佛修心術

諸大乘經、勸生淨土因通二種、一定二散。定、謂卽心觀佛、想彼西方依正主伴、唯心本具。我心空故、如來本空。我心假故、如來宛爾。我心中故、如來絕待。或想蓮華開合、我居其中、合表卽空、開表卽假、四微體同、卽表中道。故經云、諸佛如來、是法界身、入一切衆生心想中。是故汝等心想佛時、是心卽是三十二相、八十隨形好、是心作佛、是心是佛。此乃如來親示唯心三昧、圓常觀體。了彼淨土生佛依正、色心、悉我自心性具功德、卽境爲觀、心外無佛、性外無土。觀之不已、證無生忍。二者散善、用純實心信有西方、一心不亂、繫念彌陀、一日七日、聲聲不絕、念念無閒。經云、執持名號、一日七日、一心不亂、其人命終、阿彌陀佛、與諸聖衆、現在其前。然事想彼國、但無三觀、名散善耳。故三種淨業、迴向願生、咸登極樂。吾祖智者云、根有利鈍、行有定散。觀佛三昧、名定、修餘善業、說以爲散。散善力微、不能滅除五逆、此經明觀、故得往生。是知若定若散、或鈍或利、皆淨土因、咸趣無生、永無退轉矣。

圖書在版編目 (CIP) 數據

四大名山志 / 印光大師修訂；弘化社編 . -- 北京：社會科學文獻出版社，2017.7（2020.6重印）
ISBN 978-7-5201-1149-2

Ⅰ . ①四… Ⅱ . ①印… ②弘… Ⅲ . ①佛教 - 山 - 介紹 - 中國 Ⅳ . ① K928.3 ② B947.2

中國版本圖書館 CIP 數據核字 (2017) 第 175695 號

四大名山志

修　　訂 / 印光大師
編　　者 / 弘化社

出 版 人 / 謝壽光
項目統籌 / 宋月華
責任編輯 / 邰啓揚

出　　版 / 社會科學文獻出版社・人文分社（010）59367215
地址：北京市北三環中路甲 29 號院華龍大廈　郵編 :100029
網址：www.ssap.com.cn
發　　行 / 市場營銷中心（010）59367081 59367083
印　　裝 / 常熟人民印刷有限公司

規　　格 / 148mm × 210mm 1/32
印 張：54.5　字 數：555 千字
版　　次 / 2017 年 7 月第 1 版　2020年 6 月第 2 次印刷
書　　號 / ISBN 978-7-5201-1149-2
定　　價 / 280.00 圓（全四冊）

本書如有印裝質量問題，請與讀者服務中心（010－59367028）聯繫
版權所有　翻印必究